'한국 개화기 학술지' 목차 집성

1896~1910

'한국 개화기 학술지' 목차 집성

1896~1910

이태진 · 오정섭 편

태학사

간행사

조선왕조 시대를 연구하는 사람들은 복이 많다. 기간 사료로 『조선왕조실록』이 있기 때문이다. 『실록』은 왕이 붕어(사망)하면 재위 중에 주요 관청에서 생산된 기록들을 한자리에 모아놓고 각기의 경중을 헤아려 취사선택하여 이루어진 편찬물이다. 그 취사선택은 그 시대에 산 사람만이 할 수 있는 작업이다. 따라서 『실록』은 문헌학적으로도 매우 중요한 자료이다.

내가 1990년대 초에 서울대학교 규장각 도서 관리 책임자로서 일본 동경대학 사료편찬소(史料編纂所)를 방문하였을 때, 국제교류 담당 미야지 마사토(宮地正人) 교수의 안내를 받아 8층 건물의 수장고를 관람한 적이 있었다. 그때 4층인가 쓰시마(對馬島) 종가문서(宗家文書)와 서울에서 간행된 영인본 『실록』, 『승정원일기』 등이 비치된 방에서 나는 미야지 교수에게 일본의 역사학자들은 종가문서와 같은 문서 자료가 많아서 좋겠다는 말을 던졌다. 진정 부러워서 한 소리였다. 그런데 돌아온 답이 뜻밖이었다. 미야지 교수는 오히려 한국에는 『실록』 같은 자료가 있으니 부럽다고 했다. 당대 일급 사대부들이 모여 여러 종류의 공문서들을 한자리에 모아놓고 경중을 헤아려 정리해 남겨진 편찬 자료이니 얼마나 좋으냐고 했다. 일본은 그런 전통이 없어서 지금 사료편찬소가 그 일을 하느라고 죽을 고생이라고 했다. 듣고 보니 수긍이 가는 말이었다. 『실록』의 가치를 재발견하는 순간이었다.

2000년 전후, 나는 연구 영역을 조선시대에서 근대 고종 시대로 옮기게 되었다. 이때 이전 시대 『실록』의 가치를 새삼 다시 느꼈다. 1926년 '이왕(李王, 순종을 가리킴)' 국장 후, 이듬해 조선총독부 이왕직(李王職) 주관으로 『고종태황제실록』, 『순종황제실록』 두 가지가 함께 편찬되었다. 이 편찬사업은 한국의 실록 편찬의 전통을 잇는 형식을 취했으나, 내용에서는 큰 차이가 있었다. 의정부, 승정원 등 주요 기관들이 남긴 기록에 근거하여 연대기적으로는 큰 결함이 없어 보여도 내용에는 많은 문제점이 발견되었다. 1876년 「조일수호조규」 이래 일본과 체결한 각종 협정은 적극적으로 반영하였으나, 조선 · 대한제국 정부의 자력 근대화 사업들에 관한 기록은 거의 다 빠졌다. 예컨대 한성전기회사(漢城電氣會社)의 설립과 한성부 내 전차 시설 같은 것은 대서특필할 만한 역사인데, 전차에 사람이 치인 사고에 관한 기사에 한성전기회사 설립 사실이 세주(細註)로 간단히 기록되었을 뿐이었다. 두 『실록』으로 연구하면 조선 · 대한제국은 근대화 노력을 하지 않은 나라로서 일본의 보호국이 되는 것은 당연한 귀결이라는 결론을 가질 수밖에 없는 상황이다.

그러나, 역사는 의도적으로 지우려 해도 다 지워지는 것은 아니다. 일본제국이 조선 · 대한제국의 자주독립 및 자력 근대화의 노력을 지우려고 했지만 그들의 기록인 『주한일본공사관기록(駐韓日本公使館記錄)』에 그 사실이 고스란히 남아 있다. 이 『기록』에는 한국 지배를 목표로 조선 · 대한제국 정부의 동향을 탐지하여 본국 정부에 보고한 사실들이 아주 자세하게 실려 있다. 조선 · 한국 정부의 각종 근대화 사업과 외교 활동에 관한 탐문 사실을 자세하게 기록한 보고문이 적지 않다. 침략국 일본의 공문서 기록이 조선 · 대한제국의 『실록』 역할을 해주는 셈이니 아이러니이다. 고종, 순종 두 황제의 『실록』만 보고 연구를 하면 친일 사학자가

되고 『주한일본공사관기록』을 활용하면 애국 사학자가 될 판이니 웃지 못할 일이다.

정사 기록인 『실록』이 부실해도 신문, 잡지가 보완 역할을 해주기도 한다. 1880년대 정부는 관계(官界)의 정보 공유 시스템으로 『한성순보』, 『한성주보』를 발행하였고, 10여 년 뒤인 1896년에는 독립협회 발족으로 『독립신문(독닙신문)』과 『대조선독립협회회보(大朝鮮獨立協會會報)』가 나왔다. 다시 10년이 지난 1906년에는 『대한자강회월보(大韓自强會月報)』를 비롯해 10여 종의 '학회지' 형태의 잡지가 쏟아져 나왔다. 이 잡지류에 실린 글들은 당대 지식인의 정신세계를 읽을 수 있는 자료로 중요하다. 『실록』 시대로 치면 개인 문집에 실린 글들이다. 그 가운데 일본의 영향을 받고 있는 측면도 유의할 필요가 있다.

1895년 일본 동경에서 관비(官費) 유학생회가 간행한 『친목회회보(親睦會會報)』가 현재로서는 가장 앞선 잡지이다. 청일전쟁 중에 일본 정부는 조선 정부에 강요하다시피 하여 게이오 의숙(慶應義塾)으로 150여 명의 관비 유학생을 데려갔다. 일본 정부는 이들을 친일 관료집단으로 만들 생각이었다. 이들이 일본을 보고 쓴 글들은 나름대로 의미가 있다. 유학생회는 이듬해 러시아 공사관 '이주(移駐)' 사건을 계기로 혼돈에 빠져들다가 마침내 와해하였다. 모국 정부로부터 지원비가 오지 않자 미국, 영국으로 가거나 귀국하는 등 뿔뿔이 흩어져 실체가 사라졌다. 그런데 귀국 인사 몇몇은 주한일본공사관의 사주를 받아 『대조선독립협회회보』에 친일 성향의 글을 쓰기도 하였다.

1906년 이후에 쏟아지는 '학회지' 형태의 잡지들은 대부분 우국충정에서 제각기 근대에 관한 의견을 내놓은 글들을 실었다. 연대기 자료에서 볼 수 없는 '생각'을 볼 수 있는 사료이다. 다만 『대동학회월보(大東學會月報)』(1908. 2.~1909. 9. 통권 20호)와 같이 통감부 앞잡이 노릇을 한 것도 있다. 이완용(李完用), 조중응(趙重應)이 관계한 대동학회는 다른 학회의 애국 담론을 희석하고, 통감부의 '보호정치'를 선전할 목적으로 발행되었다는 것은 쉬이 짐작할 수 있다.

1976년부터 1989년까지 한국학문헌연구소는 '개화기'에 발행된 잡지들을 모아 『한국개화기학술지(韓國開化期學術誌)』 총서로 묶어 전 24권(아세아문화사)으로 간행하였다. 여기에 모아진 13종의 잡지에 실린 논설 등의 글들을 활용하여 좋은 성과를 낸 연구 업적들이 있다. 필자도 최근 「국민탄생의 역사」란 주제로 논문을 쓰면서 이 자료의 중요성을 새삼 느꼈다. 그런데 총서 전체의 목차가 없어서 매우 불편하였다. 각 잡지의 매 호를 뒤져 목차를 찾아야 했다. 누가 이 목차들을 한자리에 모아주면 얼마나 편할까 하는 생각을 거듭하다가 한국역사연구원이 직접 해내기로 작정하였다. 목차 작성은 전적으로 오정섭 상임연구위원이 담당하였다. 목차 모음에 불과한 것이지만 한국 근대사 연구의 발전에 기여가 있기를 기대해 마지않는다. 출판을 맡아준 ㈜태학사의 지현구 회장, 최형필 이사와 편집부의 조윤형 실장에게 감사를 표한다.

2020년 3월 일

석오문화재단 부설 한국역사연구원

원장 이태진

일러두기

1. 이 책은 '韓國開化期學術誌' 총서(전24권. 한국학문헌연구소 편, 아세아문화사 영인 발행, 1976·1978·1989)에 수록된 1896년에서 1910년 사이에 발행된 학술적 성격이 짙은 간행물 13종의 논설 등 전체 기사의 목록을 한데 모아 엮은 것이다.
2. 학술지는 창간 일자 순으로 수록하였다. 수록된 학술지는 아래와 같다.

학술지명	창간 연월일	발간 단체	단체 역대 회장
大朝鮮獨立協會會報	1896. 11. 30	獨立協會	李完用, 尹致昊
大韓自强會月報	1906. 7. 31	大韓自强會	尹致昊
太極學報	1906. 8. 24	太極學會	張膺震, 金志侃
西友	1906. 12. 1	西友學會	鄭雲復
大韓留學生會學報	1907. 3. 3	大韓留學生會	尙灝, 崔錫夏, 崔麟, 朴勝彬
大東學會月報	1908. 2. 25	大東學會	申箕善
大韓學會月報	1908. 2. 25	大韓學會	崔麟, 李恩雨
大韓協會會報	1908. 4. 25	大韓協會	南宮檍, 金嘉鎭
西北學會月報	1908. 6. 1	西北學會	李東輝(공식 창립까지의 임시회장) 鄭雲復, 吳相奎
湖南學報	1908. 6. 25	湖南學會	高鼎柱
畿湖興學會月報	1908. 8. 25	畿湖興學會	李容稙, 尹雄烈, 金允植, 洪弼周
大韓興學報	1909. 3. 20	大韓興學會	蔡基斗, 文尙宇, 李昌煥, 崔昌朝
嶠南教育會雜誌	1909. 4. 25	嶠南教育會	李夏榮

3. 본문의 각 학술지 첫머리에는 창간 연월일 및 발행 기간, 발행인, 편집인, 인쇄소, 발행 지역, 학회 발족일 및 발기인, 창간 때의 임원 등의 발간 관련 사항을 기록해놓았다.
4. 목차의 제목과 본문의 제목이 일치하지 않을 경우에는 본문 제목을 따랐다.
5. 확인된 오탈자는 바로잡은 글자를 [ ]로 병기하였다.
6. 영인본의 상태가 좋지 않아서 판독할 수 없는 글자는 ○로 표기하였다.
7. 엮은이의 주석은 주석 내용 앞에 ※를 붙여 표시하였다.

차례

大朝鮮獨立協會會報(1896. 11. 30.~1898. 4. 9.) 11

大韓自强會月報(1906. 7. 31.~1907. 7. 25.) 24

太極學報(1906. 8. 24.~1908. 12. 24.) 46

西友(1906. 12. 1.~1908. 5. 1.) 80

大韓留學生會學報(1907. 3. 3.~5. 24.) 102

大東學會月報(1908. 2. 25.~1909. 9. 25.) 108

大韓學會月報(1908. 2. 25.~1908. 11. 25.) 130

大韓協會會報(1908. 4. 25.~1909. 3. 25.) 148

西北學會月報(1908. 6. 1.~1910. 1. 1.) 173

湖南學報(1908. 6. 25.~1909. 3. 25.) 197

畿湖興學會月報(1908. 8. 25.~1909. 7. 25.) 209

大韓興學報(1909. 3. 20.~1910. 5. 20.) 231

嶠南敎育會雜誌(1909. 4. 25.~1910. 5. 25.) 251

大朝鮮獨立協會會報

1896. 11. 30. ~ 1898. 4. 9.(통권 18호). 매월 15일·말일 발행

* 인쇄소: 貞洞(1~4호)·勳洞 以文社(5호)·大貞洞(6~18호) 出版, 漢城
* 발간단체: 獨立協會(1896. 7. 창설)
  - 회　장: 安駉壽
  - 위원장: 李完用
  - 위　원: 金嘉鎭·金宗漢·閔商鎬·李采淵·權在衡·玄興澤·李商在·李根浩·李在正·俞箕煥·朴箕陽·金昇圭
  - 간사원: 宋憲斌·李建鎬·南宮檍·沈宜碩·鄭顯哲·彭翰周·吳世昌·李根永·玄濟復·李啓弼·朴承祖·洪禹觀·徐彰輔·李根永·玄台源·具然韶·朴鎔奎·安寧洙·李鍾夏

第一號 (1896. 11. 30)
獨立協會序 / 安駉壽
頌獨立協會 / 本會員
獨立協會規則
獨立協會輪告
論說
국문론 / 지석영
공긔 / 피 제손
獨立協會補助金收入人名

第二號 (1896. 12. 15)
論說
法律摘要叢話 / 本會輯編局募集
法律定義
法學에各泒
人間人의三種이라
공긔 젼호연속 / 피 제손
會事記
內報
官報抄錄
外報
現今東西洋各國의帝王槩表
列國東洋艦隊의勢力이라
合衆國의新撰大統領이라
獨立協會補助金收入人名

第三號 (1896. 12. 31)

會報本旨

讀格致彙編

有益之樹易地遷栽 / 瑪高溫醫士稿

구라파 론이라

會事記

雜報並外報

北京近報

我京城에駐在ᄒᆞᆫ各國公使領事에姓名表라

內外貨幣及度量衡比較表

日淸의海軍擴張이라

日本衆議院長의撰擧라

獨立協會補助金收入人名 / 前號의續이라

第四號 (1897. 1. 15)

會報本旨

祝賀新年

格致略論 / 前號의續이라

論說

北米合衆國의獨立史를閱ᄒᆞ다가我大朝鮮國獨立을논ᄒᆞᆷ이라 / 安明善

사ᄅᆞᆷ 마다 알면 죠홀 일 / 빈톤

外報

米國銀貨派頭領부라이안氏와金派ᄂᆞᆫ合衆黨이요銀派ᄂᆞᆫ共和黨이라 / 及布哇報

淸國의甘肅西藏匪擾及北京報

日本의今年度歲入歲出總豫算

日本第十回議會開院式

土耳其問題와列國協商이라

彷彿領事

西米間의衝突이起치아니흠이라

歐洲諸國이亂을好흠이라

米國郵便의設始ᄒᆞ던事라

世界諸國의郵便數라(昨年查)

獨立協會補助金收入人名表

第五號 (1897. 1. 31)

會報本旨

論說

農業問答 / 南下學農齋主人

사름 마다 알면 죠흘 일 / 빈톤 續이라

外報

英國의領土擴張

日本大喪費七十萬圓

昨年外國事

米國大統領의撰擧

기유바反亂

산지바-王宮의砲擊이라

아비시니냐戰爭

英米의衝突

알메니냐虐殺事件

구리도의反亂

埃及問題

마니라反亂

北極探險

南米雜件

濠洲의亞細亞人을排斥이라

波斯王의暗殺

南阿米利加의反亂

世界各國小學校의比較表

各國敎育費 卽學校에關ᄒᆞᆫ諸費를謂ᄒᆞᆷ이라(昨年查)

歐洲兒童敎育

黑西哥敎育

歐洲諸國陸軍兵數(昨年查)

歐米諸國海軍軍艦數(昨年查)

獨立協會補助金收入人名表

第六號 (1897. 2. 15)

格致論 / 四號의續이라

養鷄說 / 東海牧者

桑蚕問答 / 池錫永

論說

동양론 / 피 졔손

外報

英國女皇의讓位

日本皇太后의葬禮彙報

李鴻章의進退

世界各國商船의數

昨年世界事

마타스가-嶋의反亂

支那의關稅와製造稅

暹羅에셔英佛의紛紜
伊太利領事及艦長의非命
獨葡의平和
淸國形勢의可憐
獨立協會補助金收入人名表
會報本旨

第七號 (1897. 2. 28)

東方各國이西國工藝를倣效ᄒᆞᄂᆞᆫ總說이라 / 前號格致論續이라
教育의 急務 / 安昌善
地理人事之大關 / 南舜熙
會事記
獨立協會論 / 汕雲辛龍鎭
外報
英國이오히려衰치아니홈이라 / 前號의續이라
米人八十萬의請願
西班牙政府의前過를改코져홈이라
印度飢饉의慘狀
기유바를買入ᄒᆞ자ᄂᆞᆫ動議
露國의陸海軍豫算
淸國董軍門의死回再燃을恐홈이라
咄咄逼人
淸國은賣官의廢를止ᄒᆞ랴면國이有ᄒᆞ면亂홀네라
크렛트事件
獨立協會補助金收入人名 前號의續이라
會報本旨

第八號 (1897. 3. 15)

人分五類說 / 傅蘭雅

汽機師瓦特傳 / 上仝

外報

英國의擧動

日政府에 權衡

歐洲諸國의人口와財況等의統計

各國王室費表

各國電信局數

暹羅王의英國行이라

米國新大統領의宣言이라

獨立協會補助金收入人名 / 前號의續이라

會報本旨

第九號 (1897. 3. 31)

論電與雷

地球人數漸多應設法以添食糧論

瓦特汽機傳 / 前號의 續이라

外報

比斯馬極公과萬國平和條約

露國新外務大臣의平和主義

크렛트事件

各國氣候物產表

獨立協會補助金收入人名

會報本旨

第十號 (1897. 4. 15)

紡織機器說

礦學論

　金礦

外報

　希臘及土耳其戰爭

　日本됴布哇의關係

　米國의新內閣

　世界大都會地人口總計

　世界豪富合資會社

　日政府에權衡 / 前號의續이라

獨立協會補助金收入人名

會報本旨

第十一號 (1897. 4. 30)

史鑑勿輕寓目說 / 觀海堂主人

電氣學功效說 - 附牛皮練熟法

打米機器圖說

礦學論

　金礦 / 前號의續이라

　銀礦

國家와國民의興亡

外報

　日本全國의銀行과會社의增加

　濠洲植民地聯邦大會議

　南阿의葛藤

　加奈太의排日本

　希土事件

獨立協會補助金收入人名

會報本旨

第十二號 (1897. 5. 15)

大礮與鐵甲論

英國王室論

銀礦論 / 前號의續이라

銅礦論

生氣說

論燐質－化學編

外報

　佛京大火

　日布事件

　東歐漸漸平和局을結홈이라

獨立協會補助金收入人名

會報本旨

第十三號 (1987. 5. 31)

獨立論 / 寄書

銅礦論 / 前號의續이라

雜說

　成人身之原質

　用木屑作饅頭之法

　人身之血與鯨魚之血輪流之數相比

　毛與髮含硫黃

　口津之川

　廢布變爲糖之法

　人身能納大熱

會事記

外報

　北京近報

　各國通商港口에一年內輪出輪入物價表

獨立協會補助金收入人名 / 前號의續이라

會報本旨

第十四號 (1897. 6. 15)

論學校…(右主旨抄獵於時事新論)

興新學說…(上仝)

論民…(上仝)

鐵礦論

西國富戶利民說

會事記

外報

　布哇國移民事件

　各國學校教師學徒數目

獨立協會補助金收入人名 / 前號의續이라

會報本旨

第十五號 (1987. 6. 30)

西法有益於民論

德國雜事記略 / 畧抄於時事新論

法國瑣紀　一千八百九十年…(上仝)

論緬甸

鐵礦論 / 前號의續이라
漢文字와國文字의損益如何 / 申海永
外報
各國鐵道電線表
各國幅員表
五洲各教人數
各國識字人數 / 三十年前查
各國識字人數 / 近年查
各國金銀產數目 / 一年內計算
各國出煤筭表 / 一年內計算
各國存煤表
各國生鐵表 / 一年內計筭
各國鋼鐵表
獨立協會補助金收入人名
會報本旨

第十六號 (1897. 7. 15)

漢文字와國文의損益如何 / 前號의 續이라
國是維新論 / 汕雲 辛龍鎭
論安南
創造鐵路宜先使民人咸知利益說
會事記
外報
船路自淸國上海之各處里數日期表
淸國人數表
獨立協會補助金收入人名 / 前號의續이라
會報本旨

第十七號 (1897. 7. 31)

環遊地球雜記

羅馬傳說

地理初桄

外報

列國輸出入貨物價値總數表 / 以淸國銀兩計筭

列國海關收稅表

日本各職匠戶口數表

自淸國北京之淸國內各省里數日期表

日本各市에人口表

獨立協會補助金收入人名

第十八號 (1897. 8. 15)

時局概論 / 辛龍鎭

芻說 續前 / 上仝

探地名人傳略

古克傳

麥折倫傳

富蘭克令傳

蒙哥巴克傳

立恒士敦傳

瑣說

古今奇記說

騰雲致雨說

飛鹿現日光

米國及日本에恐훌만흔物의問題

禁酒妙方

外報
日本全國의民籍戶口總數
亞美利加
米國夫人의職業
小共和國
싸보라라共和國
자로기ー共和國
산마리共和國
아도라공하국
列國陸軍表 / 今年査
獨立協會補助金收入人名 / 前號의續이라
會報本旨

大韓自强會月報

1906. 7. 31.~1907. 7. 25.(통권 13호). 매월 25일 발행.

* 편집 겸 발행인: 金相範(1~4호)·李鍾濬(5~9호)·沈宜性(10~12호)·玄檃(13호)
* 인쇄소: 帝國新聞社(1~10호)·日韓圖書印刷株式會社(11~13호), 漢城
* 발간 단체: 大韓自强會(1906. 3. 창설)
  - 발기인: 張志淵·尹孝定·沈宜性·朴珍洙·金相範
  - 회 장: 尹致昊
  - 고 문: 大垣丈夫
  - 평의원: 尹孝定·張志淵·林珍洙·金相範·沈宜性·林炳恒·南宮薰·池錫永·梁弘默·鄭雲復·柳瑾·太明軾·金明濬·玄檃·呂炳鉉
  - 간사원: 金英圭·鄭鎬冕·姜台秉·尹貞求·崔庠集·薛泰熙·趙在赫·安晩洙

第一號 [光武 10년(1906) 7월 31일 발행]

大韓自强會月報序(三編)

會長 尹致昊 / 南嶽居士 李沂 識 / 金陵 大垣丈夫

大韓自强會月報刊行祝辭

雲庭 李孝定 / 春湖 金相範 / 金碩桓 / 海士 尹敦求 / 太原 池錫永 / 何丁 林珍洙

本會會報 / 尹孝定 編纂

大韓自强會取旨書 / 光武十年三月三十一日 發起人張志淵 尹孝定 沈宜性 林珍洙 金相範

大韓自强會規則

大韓自强會通常會細則

大韓自强會評議會細則

本會에取旨와特性으로評議員尹孝定氏가演說ᄒᆞ되

本會取旨로顧問大垣丈夫氏가演說ᄒᆞ되

教育의必要로評議員鄭雲復氏가演說ᄒᆞ되

殖産興業에必要로評議員張志淵氏가演說ᄒᆞ되

本會에對ᄒᆞ야國民의疑點及誤解들辨論ᄒᆞ기爲ᄒᆞ야會長尹致昊氏가演說ᄒᆞ되

尹孝定氏가女子教育에必要란問題로演說ᄒᆞ되

大垣丈夫氏가教育의效果란問題로演說ᄒᆞ되

論說

大韓精神 / 謙谷 朴殷植

殖産部 / 雲草 玄은

官報摘要

國朝故事

歷史一 / 南嵩山人 張志淵

文苑

南游紀行 游智異山(一) / 晩醒 朴致馥
本國方言
小說
雜錄
各港口稅關收入
昨年度各港口輸出入比較表
美國農業의興旺
東西問答
海外記事
教育部
家庭教育 / 克齋 鄭雲復

第二號 [光武 10년(1906) 8월 25일 발행]
論說
偉大한國民에난三個特性이有함을見함 / 大垣丈夫
自强會問答 / 張志淵
教育部
家庭教育(前号續) / 鄭雲復
韓國의新學政 / 大垣丈夫
殖産部 / 素巖 呂炳鉉
嵩齋漫筆 / 南嵩山人 張志淵
國朝故事(前号續) / 南嵩山人 張志淵
文苑
南遊紀行 - 遊智異山(二) / 晩醒 朴致馥
詞藻
竹枝詞 / 曠客
翠雲亭消暑 / 南嵩山人

祝月報刊行 / 李建鎬
閔公竹歌 / 洪弼周
官報摘要
警務分署設置
移民條例
本會會報 / 尹孝定 編纂
大韓自强會月報契約書
記事
教科書와支會方法
本會演說
第一 畏懼病 / 大垣丈夫
官民尊卑의弊害 / 鄭雲復
日文教科書編輯之說質問學相
江西儒林所通文
會中記事
江西會復函
本會記事
演說
禁早婚 / 尹致旲
外國人의誤解 / 大垣丈夫
海外記事
雜錄 (前号續)
納稅條款 (續)
隨感短評 / 金陵居士
本國方言 (前号續) / 李沂
小說 (前号續) / 李沂
東西問答 / 李鍾一

會員名簿
自强會報歌 / 中軒 李鍾一

第三號 [光武 10년(1906) 9월 25일 발행]
大韓地圖說 / 李沂
論說
　自强主義 / 張志淵
殖產部
　嵩齋漫筆 (續) / 南嵩山人 張志淵
　林業의必要 / 中皐山人 李鍾一
教育部
　教育政策私議 / 梁啓超 著. 韋菴 張志淵 譯述
國朝故事 (前号續) / 南嵩山人 張志淵
地理一 / 仝
文苑
　南遊記行 (續) / 朴致馥
詞藻
　寄鄉 / 嵩陽居士
　漫興有感
　南嵩雲溪八詠 / 韶堂居士
　閔忠正公血竹 / 金光濟
　啄木鳥 / 山雲 李羲發
官報摘要
　法律第三号 鑛業法
　外國旅行券規則
本會會報 / 尹孝定 編纂
　大韓自强會支會設立方法

記事
演說－義務教育 / 大垣丈夫
大韓自强會罰則
雜錄
勿憂韓國無錢 / 金陵居士
修養의必要 / 同人
國家의本義 / 海外遊客
國家及皇室의分別 / 同人
船路自淸國上海로至各處里數日期表
各國貨幣名稱及量衡尺比較表
度量衡制度
日人漁業
稅務官制
地方制度
郡守級俸
地方官俸給
地制提議
開墾規則
海外記事
本國方言 (續) / 李沂
東西問答 / 鄭雲復
小說 (續) / 李沂
會員名簿

第四號 [光武 10년(1906) 10월 25일 발행]
自强能否의問答 / 謙谷 朴殷植
自强主義 (續) / 南嵩山人 張志淵

教育部
　教育政策私議 (續) / 飮氷室 梁啓超 著. 韋菴 張志淵 譯述
殖産部
　嵩齋漫筆 (續) / 南嵩山人 張志淵
地方自治制度論 / 朝陽樓主人 尹孝定
日本의自治制度 / 大垣丈夫
地理 二 (續) / 南嵩山人 張志淵
國朝故事 (續) / 南嵩山人 張志淵
文苑
　南遊記行 (續) / 朴致馥
人族歷史의淵源觀念 / 福城樵夫 梧村 薛泰熙
官報摘要
　法律第三号 鑛業法 (續)
本會會報 / 編纂 尹孝定
　記事
　東萊支會設立開會時祝辭 / 會長 李相昕 / 會員 金致文
　大韓自强會支會規則
海外記事
雜錄
　勅令 勅令第六十號 租稅徵收規程
　森林協同約款
　稅務官應行規則
　不動産調査問目
　度訓各道
本國方言 / 李沂
小說 / 李沂
議會通用規則 / 美國學士라버－츠氏著 本會會長尹致昊氏 繹

會員名簿

第五號 [光武 11년(1907) 1월 25일 발행]

論說

　團体然後民族可保 / 南嵩山人 張志淵

　謝布哇同胞 / 朴殷植

　論我教育時急方針 / 評議員 沈宜性

教育說 / 松堂 金成喜

日本自治制度 (續) / 大垣丈夫

專制國民은無愛國思想論 / 朝陽樓主人 尹孝定

會之原義論 / 李沂

地理 三 (續) / 南嵩山人 張志淵

國朝故事 (續) / 南嵩山人 張志淵

文苑 / 南嵩山人 胡草 (張志淵)

詞藻

　草梁驛送友人之日本 / 尹孝定

　漢江 / 李鍾濬

　塞上風雪口呼 / 柳赫然

人族의淵源觀念 (續) / 福城樵夫 薛泰熙

官報摘要

本會會報 / 編纂 金相範

　記事

　演說

　　所感一則 / 大垣丈夫氏

　　今日國民之感念如何 / 副會長 尹孝定

小說 / 李沂

小說 (續) / 洪弼周

本國方言 / 李沂
方言續貂 / 李鍾濬
海外記事 / 林炳恒
雜錄－隨聞書感 / 雲山樵者 李鍾濬
會員名簿

第六號 [발행일자 없음]

論說
會의名義目的과及月報의讀法 / 編輯人 雲山樵夫 李鍾濬
文明論 / 松堂 金成喜
國家貧弱之故 / 南嵩山人 張志淵
知恥와自信力의主義 / 松堂 金成喜
抛棄自由者爲世界之罪人 / 福城樵夫 梧村 薛泰熙
國民의政治思想 / 朝陽樓主人 尹孝定
日本의自治制度 / 大垣丈夫
教育部
教育學原理 / 柳瑾 譯述
殖産部
概說 / 松堂 金成喜
國朝故事 (續) / 南嵩山人 張志淵
故事荒誕詭說辨 / 仝人
人族의淵源觀念 (續) / 福城樵夫 梧村 薛泰熙
文苑
俗離紀行攬要 / 李鍾濬
詞藻
露宿九連城 / 朴趾源
道峯 / 李鍾濬

讀崔勉菴疏有感 / 薛泰熙
閔忠正公輓 / 洪弼周
閔忠正公追悼歌 / 興化學校
官報摘要 (前續)
光武十一年度歲入歲出總豫算表摘要
海外記事 / 呂炳鉉
本國方言 / 李沂
方言續貂 / 李鍾濬
小說 / 李沂
雜錄
强迫教育 / 每日申報照謄
文字快樂 / 朝陽樓主人 (尹孝定)
國文一定法意見書 / 侃亭 李能和
京所鄕所 / 洪弼周
閔忠正公追悼會祝辭 / 興化學校
滿報譯載後識 / 朴殷植
桂苑稗林 / 柳瑾
雪屋談屑 / 李鍾濬
吊慰忠魂 / 李鍾濬
寄書－名實을 宜相副 / 金最鍵
本會會報 / 金相範 編纂
記事
演說－官權과 民權 / 大垣丈夫
記事
會員名簿

第七號 [光武 11년(1907) 1월 25일 발행]

論說

教育論 / 晩堂 李鍾濬

國家貧弱之故 (前号續) / 南嵩山人 張志淵

論報舘有益於國事 / 梁啓超

獨立說 / 松堂 金成喜

畏憂論 / 春湖 金相範

教育部

教育學原理(前續) / 柳瑾 譯述

殖産部

農業에土地改良 / 松堂 金成喜

國朝故事

荒詭辨 (前續) / 南嵩山人 張志淵

人族淵源 (前續) / 福城樵夫 梧村 薛泰凞

文苑

送四州使君之任序 / 晩堂 李鍾濬

送別林東初炳恒赴晉陽序 / 福城樵夫 梧村 薛泰凞

送別金春湖相範赴昌城 / 同人

詞藻

終南山 / 晩堂 李鍾濬

挽崔勉菴 / 青田 崔東埴

閔忠正公血竹 / 二能 林昇洙

次洪紫人韻 / 海鶴 李沂

本會會報 / 編纂 李鍾濬

記事

演說－官吏의事業과人民의事業 / 林炳恒

記事

海外記事 / 呂炳鉉

官報摘要

方言 / 李沂

小說 / 李沂

雜錄

　空華起滅 / 洪弼周

　西板處義 / 皇報照謄

寄書

　愛國說 / 南宮璧

第八號 [光武 11년(1907) 2월 25일 발행]

閔忠正公泳煥傳 / 張志淵

論說

　天時又新 / 南嵩山人 張志淵

　國家的精神을不可不發揮 / 雲庭 尹孝定

　論報舘有益於國事 (前續) / 梁啓超 著. 李鍾濬 譯

　習慣生愛戀愛戀生頑固 / 海鶴 李沂

　良工이可完傾廈論 / 石塘山樵 鄭薰謨

　自强理由 / 坡山樵夫 南宮濬

　法律上人의權義 / 梧村 薛泰熙

教育部

　教育學原理 (前号續) / 柳瑾 譯述

　教師의槪念 / 松堂 金成喜

殖産部

　農業의種子揀選 / 松堂 金成喜

　經濟學總論摘要 / 薛泰熙 講述

日本의地方自治制度 (續) / 大垣丈夫 講述

國朝故事 / 雲艸 玄檃
文苑
虎叱文 / 出燕巖集. 洪弼周 述
閔忠正公血竹畵本詩序 / 李鍾濬
詞藻
閔忠正公竹四節 / 方丈居士 金棟
吊四板豊志士 / 一史 尹桂瓚
本會會報 / 李鍾濬 纂
光武十年八月 日에義務教育에 대ᄒᆞ야 政府에 建議한 全文
光武十年十一月 日 法部公函에新刑法起草案을件交ᄒᆞᆫ後該往復函과考閱ᄒᆞᆫ後本會公函及意見添附ᄒᆞᆫ條項
光武十年十一月八日에本會에서內部에建白ᄒᆞᆫ全文
記事
演說
志士의眼淚와學生의指血 / 尹孝定氏
團體의效力 / 薛泰熙氏
記事
海外記事 / 呂炳鉉
官報摘要
法部訓令-土地家屋證明規則及施行細則
方言 / 李沂
小說
許生傳 / 朴趾源 撰, 李鍾濬 譯
雜錄
教育實施質問
樞院議決自治制
樞院會議

夫人義俠
外報論韓
寄書 / 會員 李琦周
別報
弔崔勉庵文 / 大韓自强會員 等
本會續報
一月三十日에本會에서土地證明規則에對ᄒᆞ야政府에提呈ᄒᆞᆫ質問書
本會에서各支會所在官에게本支會規則及罰則을伴交ᄒᆞ야公函ᄒᆞᆫ全文
會員名簿

第九號 [光武 11년(1907) 3월 25일 발행]

論說
斷烟報國債 / 南嵩山人 張志淵
好古病 / 海鶴 李沂
兩斷一窄論 / 淸嚱生 池錫永
自由論 / 坡山樵夫 南宮濬
法律上人의權義 (續) - 法律의制裁 / 薛泰熙
宗教를不可不崇奉이오新舊를不可不參酌이라奈自知之不明에反被傍觀之覘破오 / 晩堂 李鍾濬
教育部
教育學原理 (續) / 柳瑾 譯述
教師의槪念 (續) / 松堂 金成喜
殖産部
農業의種子揀選 (續) / 松堂 金成喜
經濟學總論 (續) / 梧村 薛泰熙

文苑
　虎叱 (前續) / 出燕巖集, 洪弼周 述
詞藻
　長歌 / 海隺 李沂
官報摘要
　法部訓令 (續)
　法部令第四号 土地家屋證明規則施行細則
本會會報 / 李鍾濬 纂
　記事
　演說
　　新年所感 / 尹孝定
　　韓國目下의急務 / 大垣丈夫
　記事
國朝故事 (續) / 雲艸 玄檃
海外記事 / 呂炳鉉
小說
　許生傳 (續) / 朴趾源 撰, 李鍾濬 譯
方言 / 李沂
雜錄 / 李鍾濬
　鐵道償還홀計畫으로有志紳士幾人이團體結社하고目的에到達코
　　자하야發起한趣旨書全文－光武社趣旨書
　斷煙保國債
　國債報償計
　大邱廣文社內大東廣文會에서首先發佈한國債報償趣旨書
　國債報償期成會趣旨書
　國債報償西道義成會趣旨書
　國債報償慶南贊成會趣旨書

國債報償發起文
國債報償斷煙忠淸北道沃川郡義務會趣旨書
國債報償義捐勸告文
東萊府國債報償一心會趣旨書
樞院議決
其言也善

第十號 [光武 11년(1907) 4월 25일 발행]

論說
新學六藝說 / 智山昑叟 著, 洪弼周 述
淸國의覺醒 / 雲庭 尹孝定
非刷新이면文明을不可致오非文明이면人類을不可保라 / 坡山夫樵 南宮湜
革心論 / 會員 金最鍵
法律上人의權義 (續) / 薛泰熙
教育部
教育學原理 (續) / 柳瑾 譯述
殖産部
工業說 / 松堂 金成喜
理財說 / 梁啓超今義. 金成喜 譯.
日本의地方自治制度 – 町村制 (承前) / 大垣丈夫 講述
本會會報
國民의義務 / 南宮薰
國朝故事 / 玄檃
海外記事 / 呂炳鉉
詞藻
西湖竹技詞 / 完山 李鈺 号山雲

文苑
　虎叱 (續) / 出燕巖集, 洪弼周 述
方言 / 李沂
小說
　許生傳 (續) / 李晩茂 譯
別報
　不可無此一言 / 紫人 洪弼周
　獻身的精神 / 女史 尹貞媛
時事短評 / 金陵居士
　軍備制限問題
　大韓留學生의公憤
巷論衢謠
　단연동믹가
本會會計報告
會員名簿

第十一號 [光武 11년(1907) 5월 25일 발행]

論說部
　過去의狀況 / 南嵩山人 張志淵
　生存의競爭 (演說) / 雲庭 尹孝定
　本會의將來 (演說) / 大垣丈夫
　忍耐의 效力 (演說) / 劉秉珌
教育部
　教育學原理 / 柳瑾 譯述
　教育의宗旨와政治의關係 / 松堂 金成喜
　大韓國文說 / 松村 池錫永
殖産部

工業理財要術 / 沈宜性譯
經濟總論 / 梧村 薛泰熙
理財說 / 梁啓超今義 前號續 金成喜譯述
政治部
政府의職分 / 松堂主人
國家意義 / 松堂 金成喜
行政의衛生 / 厥隱 劉秉珌
日本의自治制度 / 大垣丈夫
法律部
刑法과民法의區別 / 雲庭 尹孝定
歷史地理部
歷史及地理의概論 / 沈宜性 譯述
大韓地誌 / 柳瑾 抄譯
本國野史 / 紫隱 洪弼周
文藝部
讀越南亡國史有感 / 晩堂 李鍾濬 編纂, 智山 吟叟
鴨沿途中 / 紫隱 洪弼周
讀史有感 / 矩木堂
血竹三首 / 恩江 鄭秉善
挽閔忠正趙忠正洪參判 / 澤吟子
南至夜感歎 / 前人
哭輓崔勉庵先生 / 淸國湖北范念慈
驅專制文 / 洪弼周(支那報)譯
本會會錄
小說
外交談 / 韓基準
內地彙報 / 沈宜性

外國事情 / 呂炳鉉
會員名簿
會員動靜
別報
讀伊侯演說有感 / 朝陽樓主人
伊藤統監의演說 (照謄)

第十二號 [光武 11년(1907) 6월 25일 발행]

論說部
現在의情形 / 南嵩山人 張志淵
眞正ᄒᆞᆫ事務家 / 尹孝定
政治家의持心 (演說) / 仝人
教育部
教育學原理 / 柳瑾 譯述
教育宗旨續說 / 松堂 金成喜
精神의教育 / 沈宜性
殖産部
經濟學摠論 / 梧村 薛泰熙
本國地質을由ᄒᆞᆫ物產論 / 呂炳鉉
理財說 / 梁啓超今義(前號續), 金成喜 譯述
政治部
政治學의國家主義 / 沈宜性 譯述
行政의衛生 / 厥隱 劉秉珌
日本의自治制 / 大垣丈夫 講述
法律部
法律上人의權義 (承前) / 梧村 薛泰熙
平時國際公法論 / 石鎭衡 講述

歷史地理部
大韓地誌 (承前) / 柳瑾
野史 / 洪弼周
文藝部
達才鄕塾記 / 洪弼周述. 智山 吟叟
謝遺秋蟲 (五言古詩) / 同人
閔忠正挽 / 金奎華
奉餞張韋菴先生 (七律) / 綠亭 裴秉周
龜浦江上奉呈韋菴 / 惺圃 全錫準
素女行 (五古) / 海蒼 朴庭秀
本會會錄
內地彙報
外國事情 / 呂炳鉉
會員名簿
會員動靜

第十三號 [光武 11년(1907) 7월 25일 발행]

論說部
朴泳孝氏 / 南嵩山人 張志淵
鄭在洪氏 / 仝人
論自字 / 晩堂 李鍾濬
自助說 / 漳隱 元泳義
教育部
教育學原理 / 柳瑾 譯述
教育宗旨續說 (承前) / 松堂 金成喜
論師範養成 / 沈宜性 述
大韓國文說 (十一號續) / 松村 池錫永

殖産部
工業理財術 (第十一號續) / 沈宜性
明農新說 / 李鍾濬 抄譯
我國八大水産業 / 日本專門家調査報告書
政治部
國家意義 (前號續) / 松堂 金成喜
政治學總論 / 小汕 沈宜性
法律部
平時國際公法論 (第二四) / 石鎭衡 講述
歷史地理部
大韓地誌 (承前) - 水經 / 柳瑾
列朝故事撮錄 / 涵齋 安鐘和
文藝部
釜山狗 / 南嵩山人 張志淵
同題 / 荷亭山人 呂圭亨
山木歎 (五古) / 南環子
奉呈張韋庵先生 (七絶) / 醒村 朴廷秀
讀大韓自强會月報有感 / 會員 鄭濟原
仁港述懷 / 雲養
挽芝山鄭在洪 / 松石 鄭鎬冕
寄書
讀大韓自强會月報有感 / 姜奎燦
本會會錄
內地彙報
外國事情 / 呂炳鉉
會員動靜
會員名簿

別報

光武十一年七月十八日 詔

二十日皇太子上疏

二十一日 詔

太極學報

1906. 8. 24.~1908. 12. 24.(통권 27호). 월 1회 발행.

* 편집 겸 발행인: 張膺震
* 인쇄소: 敎文館印刷所(1~12호)·明文社(13~27호), 日本 東京
* 발간단체: 太極學會(1905. 9. 창설)
  - 평의원: 張膺震(회장)·崔錫夏·金志侃·全永爵·金鎭初·李潤柱
  - 사무원: 表振模·朴濟鳳·金洛泳·金昌臺·張志台·蔡奎丙
  - 회계원: 金淵穆
  - 서기원: 朴相洛
  - 사찰원: 李道熙·金琮基·柳東秀

第一號 [光武 10년(1906) 8월 24일 발행]

太極學報發刊의序
太極學會總說 上 / 留學生監督 韓致愈
賀太極學報之創始 / 工學士 尙灝
賛說 / 友古生 崔麟
賛說 / 東菴生 李承瑾
賛說 / 雲樵生 池成况
講壇
　國家論 / 會員 崔錫夏
　我國教育界의現象을觀ᄒᆞ고普通教育의急務를論ᄒᆞᆷ / 編輯人 張膺震
　獻身的精神 (寄書) / 大夢生 崔南善
　宗教維持方針이在經學家速先開化 附祝歌 (寄書) / 麟皐生 柳承欽
　無學의不幸이라 / 會員 全永爵
　社會教育 / 蔡奎丙
　告我二千萬同胞 (寄書) / 工學士 尙灝
學園
　空氣說 / 編輯人 張膺震
　水蒸氣의變化 / 會員 金志侃
　石炭 / 會員 張志台
　石油 / 會員 申成鎬
　衛生 (寄書) / 柳隱生 康秉鈺
　松岾蟖(松虫)驅除及豫防法 / 會員 金瀅穆
　造林學之必要 / 會員 金鎭初
　녀ᄌᆞ교휵 / 會員 金洛泳
　聞蟬 / 會員 金淵穆
　賀太極學報 / 雲樵生 池成况
　偶吟 / 上仝

忠告歌 / 會員 張啓澤
奮起어다우리同胞靑年 / 會員 表振模
東京一日의生活 / 會員 李潤柱
隨感隨筆 / 會員 朴相洛
賀在米國共立協會
醫師安商浩氏의來歷
工科大學卒業生尙灝氏
會員消息
本會會員名錄
太極學報義捐人氏名

第二號 [光武 10년(1906) 9월 24일 발행]

太極學會總說 中 / 留學生監督 韓致愈
講壇
國際交際論 / 會員 崔錫夏
家庭敎育 / 會員 張啓澤
獻身的精神 (寄書) 續前號 / 大夢生 崔南善
宗敎維持方針이在經學家速先開化 (寄書) 續前號 / 麟阜生 柳承欽
告我二千萬同胞 (寄書) 續前號 / 工學士 尙灝
人生의義務 / 編輯人 張膺震
政治家의品位 / 會員 金志侃
學術上觀察로商業經濟의恐慌狀態를論홈 / 會員 全永爵
學園
火山說 / 編輯人 張膺震
空氣說 (續前號) / 編輯人 張膺震
水蒸氣의變化 (續前號) / 會員 金志侃
黴菌論 / 會員 金鎭初

ᄋ희기르ᄂᆞᆫ방법 / 會員 金洛泳
본국졔형졔ᄆᆡ의게 (寄書) / 女史 尹貞媛(윤뎡원)
飮料水 (寄書) / 劉銓
衛生 續前號 (寄書) / 康秉鈺
救急治療法 / 會員 朴濟鳳
壇 / 會員 洪正求
成功說과失敗主義 (寄書) / 友古生 崔麟
我國의實業觀 (寄書) / 張弘植
海水浴의一日 / 白岳生
太極學會創立紀念會
李甲氏奇函
會員消息
雜俎
本會會員名錄
太極學報義捐人氏名

第三號 [光武 10년(1906) 10월 24일 발행]

太極學會總說 下 / 留學生監督 韓致愈
恭祝太極學報 (寄書) / 春睡子 具滋旭
講壇
我國國民敎育의振興策 / 編輯人 張膺震
政府論 / 會員 崔錫夏
自由論 / 會員 文一平
學術上觀察ᄒᆞᆫ商業經濟의恐慌狀態를論홈 (前號續) / 會員 全永爵
人格의發達 (寄書) / 劉銓
韓國樂觀 / 會員 金志侃
性情論 (寄書) / 禪師 一愚 金太垠

學園

月과銀河 / 會員 蒼岡生 金台鎭

造林上立地의關係 / 會員 金鎭初

歷史譚 (第一回) / 會員 朴容喜

商業의意義 (寄書) / 張弘植

추풍일딘 (寄書) / 女史 尹貞媛

旅窓秋感 / 會員 張啓澤

隨感錄 / 會員 孫榮國

思潮滴滴 / 會員 申相鎬

奮起ᄒᆞ라青年諸子 (寄書) / 大夢生

植物界 / 會員 洪正求

智育不如體育 (寄書) / 晴笠 李昌煥

雜錄

尙灝氏歸國

崔廷德氏의血誠教育

尙灝氏留別辭

女史尹貞媛氏

嗚呼留學生扈根明氏永眠

會事要錄

本會會員名錄

太極學報義捐人氏名

第四號 [光武 10년(1906) 11월 24일 발행]

告學會說(一) / 留學生監督 韓致愈

賀太極學報發刊 (寄書) / 李甲

講壇

學園

進化學上生存競爭의法則 / 編輯人 張膺震
公債論 / 崔錫夏
觀國家之現象ᄒᆞ고余의所感 (寄書) / 梁大卿
學術上觀察ᄂᆞᆫ商業經濟의恐慌狀態를論ᄒᆞᆷ (前號續) / 全永爵
歷史譚第二回 클럼버스傳續 / 朴容喜
財政整理의紊亂은簿記法이無ᄒᆞᆷ을證明ᄒᆞᆷ이라 / 張弘植
警察之目的 / 張啓澤
農者ᄂᆞᆫ百業의根이오幸福의原因이라 / 荷汀生 金晩圭
飮料水 (二號續) / 劉銓
救急治療法 (二號續) / 朴濟鳳
공겸의정신 / 女史 尹貞媛
面面그리스도 / 鄭彬
實行主義 / 吳錫裕
無何鄕漫筆 / 崔錫夏
思潮滴滴 / 會員 申相鎬
甲乙會話 (寄書) / 傍聽人 友古生崔麟
和聞蟬 / 晩生 韓熙洙
月下聞鴈 / 張志台
雜報
大韓自强會會長尹致昊氏寄函
兩氏義學
기타 기사
太極學會贊成員
太極學報第二回義捐人氏名
太極學會會員名簿錄

第五號 [光武 10년(1906) 12월 24일 발행]

告學會說(二) / 留學生監督 韓致愈

恭賀太極學會創立 (寄書) / 金普鉉

講壇 學園

科學論 / 編輯人 張膺震

租稅論 / 崔錫夏

去驕說 / 金貞植氏演說(金洛泳筆記)

愛國의義務 / 李潤柱

朝鮮魂 / 崔錫夏

韓國國民의生活을論홈 / 蔡奎丙

歷史譚第三回 비스마ㅡㄱ(比斯麥)傳 / 朴容喜

動物의社會的의生活 / 韓相琦

警察之沿革 / 張啓澤

農者는百業의根本 (前號續) / 荷汀生 金晩圭

衛生問答 / 朴相洛(譯)

造林上立地의關係 (第三號續) / 金鎭初

松花와風 / 洪正求(譯)

告別辭 / 金昌臺

歲暮所感 / 金志侃

祝辭三調 (寄書) / 李承鉉

贊歌 (寄書) / 李奎濚

思故人 / 在岡山 池成沇

吾人이一生의立志홀原論 / 劉睦

人生의大罪惡은自由를棄홈에在홈 / 李珍河

隨感漫筆 / 金載汶

體育을勸告홈 / 崔昌烈

世界雜觀 / 尹定夏 編

雜報
奇哉會員金昌臺氏
太極學會遠足會
藤井教師의熱心
新入會員
기타 기사
太極學報第三回義捐人氏名

第六號 [光武 11년(1907) 1월 24일 발행]

告學會說(三) / 留學生監督 韓致愈
祝賀太極學報 / 殷栗 洪性燮
講壇 學園
人生各自에關훈天職 / 全永爵
租稅論 (續) / 崔錫夏
國文便利及漢文弊害의說 / 姜荃
國家와國民企業心의關係 / 張弘植
家庭教育 / 吳錫裕
個人的自身國家論 / 禪師 一愚 金太垠
憲法 / 郭漢倬 譯
歷史譚第四回 (比斯麥傳 續) / 朴容喜
外國地理 / 韓明洙
警察之分類 (第四號續) / 張啓澤
衛生問答 / 朴相洛(譯)
食蟲植物 (譯) / 洪正求
農者는百業의根本 (前號續) / 荷汀生 金晩圭
吾人生活을엇지ᄒ면? / 金洛泳
觀雪有感 / 霞山生 楊致中

新年祝詞 / 吳錫裕

新年逢故人 / 海外遊覽客

新年寄書 / 海外送郎婦

新年學業 / 海外留學生

多情多恨 (寫實小說) / 白岳春史

雜報

悲壯ᄒᆞ다天道教學生

優等卒業

有志興學

學務渡來

會員要抄

會員消息

太極學報第四回義捐人氏名

第七號 [光武 11년(1907) 2월 24일 발행]

告學會說(四) / 留學生監督 韓致愈

講壇 學園

社會我를論ᄒᆞᆷ / 編輯人 張膺震

獻身的精神 / 女史 尹貞媛(윤뎡원)

韓國이渴望ᄒᆞᄂᆞᆫ人物 / 崔錫夏

二十世紀의生活 / 全永爵

國文便利及漢文弊害의說 (前號續) / 姜荃

三國宗教略論 / 禪師 一愚 金太垠

憲法 (續) / 郭漢倬

歷史譚第五回 比斯麥傳 續 / 朴容喜

外國地理 (續) / 韓明洙

論度量衡 (寄書) / 梁在昶

警察偵探 / 張啓澤
鑛物 - 水晶急石英 / 朴相洛(譯)
養豚說 / 金鎭初
北牕囈語 / 大夢生 崔南善
破眠鍾 / 申相鎬
太極學會贊祝歌
除夕漫筆 / 李承鉉
東遊途中 / 爲齋 李奎濚
有感 / 鄭錫迺
多情多恨 (寫實小說) (前號續) / 白岳春史
雜錄
斷指學生消息
北米消息 (共立協會의盛況)
安昌浩氏歡迎及金錫桓氏送別會
기타 기사
新入會員
太極學報第四回義捐人氏名 (續)

第八號 [光武 11년(1907) 3월 24일 발행]
告學會說(五) / 留學生監督 韓致愈
講壇 學園
武備論 (寄書) / 具滋旭
自主的自我 / 吳錫裕
人의强弱과國의盛衰가爲與不爲에在흠 / 李奎濚
立法司法及行政의區別과其意義 / 全永爵
愉快흔處世法 / 李勳榮
비스마-ㄱ(比斯麥)傳附 / 朴容喜

支那地理 (前號續) / 韓明洙
衛生問答 / 朴相洛(譯)
春夢 / 白岳春史
追吊勉庵崔先生 / 李昌均
漁業消日歌 / 崔昌烈
郭索과 蚯引을見ᄒᆞ라 / 李元鵬
海底旅行(奇譚) / 法國人 쥴스펜氏原著, 朴容喜(譯)
警察偵探 (前號續) / 張啓澤
北韓聾盲兩人이自評 / 笑笑生小庵記著

雜報

吊崔勉庵先生
寄書
會事要錄
新入會員
會員名簿
任員錄
學界消息

第九號 [光武 11년(1907) 4월 24일 발행]

講壇 學園

心理學上으로觀察ᄒᆞᆫ言語 / 張膺震
禁酒ᄒᆞ라報債ᄒᆞ세 (寄書) / 太極魂 安憲
自我의自活義務 / 吳錫裕
勃興時代에積極的 / 梁大卿
人格修養과 意志鞏固 / 郭漢七
불학무식ᄒᆞᆫ집안의가ᄉᆞ쓰흠을구경ᄒᆞᆷ(긔셔) / 회원 리원붕모친백씨
平和會義에對ᄒᆞᆫ余의感念 / 友洋生 崔錫夏

人族의貴寶는精神과士氣라 (寄書) / 唐岳石菱生
憲法 (續) / 郭漢倬
歷史譚第七回 比斯麥傳附 續 / 朴容喜
地震說 / 朴相洛(譯)
動物의知情 / 金洛泳
今日 / 友古生 崔麟
江戶十五景 附廣告 / 發見人 李承瑾
漢城仲春再渡東京 / 一愚 金太垠
農園養豚說 / 金鎭初
日本東京警視廳組織 / 張啓澤
海底旅行 奇譚 第二回 / 法國 쥴스펜氏原著, 朴容喜
世界珍聞 / 博聞子撰
雜報
寄書
早稻田大學事件顚末
各國紳士大演說
會事要錄
監督韓致愈氏送別會
會員消息
學界消息
新入會員
太極學報第五回義捐人氏名

第十號 [光武 11년(1907) 5월 24일 발행]

演說
印度에基督教勢力 / 印度國紳士 샏－쓰氏, 本國紳士 尹致昊氏 (飜譯), 白岳子(筆記)

修身의必要 / 美國學士에듸쉬우쓰氏, 金奎植氏飜譯, 白岳子筆記

評論

習慣改良論 / 朴載灝

講壇 學園

韓國興復은英雄崇拜에在홈 / 友洋 崔錫夏

教育의目的 / 禹敬命(譯)

華盛頓의 日常生活座右銘 八號續 / 李勳榮

立法司法及行政의區別과意義 八號續 / 全永爵

東西兩洋人의數學思想 / 金洛泳 (譯述)

教育이不明이면生存을不得 / 朴庠鎔

歷史譚第八回 比斯麥傳附 續 / 朴容喜

支那地理 續 / 韓明洙

心臟運動과血液循環의要論 / 李奎濚

動物體에在훈勢力의根源 / 朴相洛(譯)

養豚說 九號續 / 金鎭初

의뢰ᄒᆞ고사ᄂᆞᆫ거시독립ᄒᆞ고죽ᄂᆞᆫ것만갓지못홈 / 朴允喆

學窓夜雨偶想交友感化 / 石蘇 李東初

愛國歌 / 李源益

春日散步吟 / 菊庵 李奎濚

夜觀上野博覽會 / 蘭谷 李熙철

詠春 / 又松 鄭寅夏

海底旅行奇譚 第三回 / 朴容喜

安昌浩氏의人格 / 月旦生

雜報

會員消息

新入會員

太極學報第六回義捐人氏名

第十一號 [光武 11년(1907) 6월 24일 발행]

論壇

希望의曙光 / 白岳子 張膺震

精神的教育의必要 / 石蘇 李東初

東西兩洋人의數學思想 (承前) / 椒海 金洛泳 (譯述)

進步의三階級 / 文一平

實業界의一嚆矢 / 鄭錫迺

講壇 學園

歷史譚第九回 시싸ー(海撤)傳(一) / 朴容喜

少年百科叢書－童蒙物理學講談(一) / 椒海生

樹木의니야기 / 朴相洛

心臟運動과血液循環의要論 (續) / 李奎濚

我農界의前途 / 金鎭初

집안에셔、어린아희、기라는법 / 禹敬命

水의니야기 / NYK生

學窓餘談(一) / 吳錫裕

藝園

肇夏偶作 / 石蘇 李東初

肇夏郊外行 / 同作

偶吟 / 小山 宋旭鉉

海底旅行奇譚 第四回 / 朴容喜

雜纂

世界談叢 / 夢蝶

大隈伯의 我國甛菜糖業談

雜報

記事

博覽會內韓國婦人의事件

記事
會事要錄
會員消息
新入會員
永柔郡支會新入會員
太極學報第七回義捐人氏名

第十二號 [光武 11년(1907) 7월 24일 발행]

講壇
國之興旺在於公富 / 韓興教
良心論 / 白岳 張膺震
韓國의將來文明을論흠 / 文一平
天下大勢를論흠 / 友洋 崔錫夏
愛國心의淵源은愛我心에在흠 / 高宜煥
學園
立法司法及行政의區別과其意義 (十號續) / 全永爵
歷史譚第十回 시싸ー(海撤)傳(二) / 朴容喜
童蒙物理學講談(二) / 椒海 金洛泳
學窓餘談(二) / 吳錫裕
養鷄說 / 金鎭初
衛生談片 / 李奎濚
文藝
休業之夏에別同契諸君子ᄒᆞ야歸國序 / 金炳億
外國에出學ᄒᆞᄂᆞᆫ親子의게(母親의書簡) / 椒海
以鳥假鳴 / 無何狂 宋旭鉉
送閔視察元植歸國 / 石蘇 李東初
聞共立協會總會長宋錫俊氏訃音感追悼而作 / 無何狂 宋旭鉉

見動物園麒麟有感 / 春圃 柳種洙

客牕雨中 / 爲齋 李奎濚

太極學會祝詞 / 來堂 高元勳

述懷 / 崔昌烈

雜纂

斷片 / 又松 鄭寅河

苦學生의情形

是何怪事

東京留學生界新聞事業經營

學界消息

新入會員

太極學報義捐人氏名

苦學生情形追門

留學生連日大會

第十三號 [隆熙 원년(1907) 9월 24일 발행]

講壇 學園

教育行政 / 鄭錫迺

教授와教科에對ᄒᆞ야 / 張膺震

歷史譚第十一回 시싸ㅡ(海撤)傳(三) / 朴容喜

世界大動物談 / KNY生

童蒙物理學講談 / 椒海 金洛泳

理科講談 (小學校員參考ᄒᆞ기爲ᄒᆞ야) / 造然子 譯

杉樹植栽造林法 / 椒海生

養鷄說 / 金鎭初

地文學講談(一) / 研究生

文藝

大呼江山 / AB생 李承瑾

觀水論 / 蘭石 金炳億

月下의自白 / 白岳春史

登望鄕臺有感 / 無何狂 宋旭鉉

憶祖國 / 仝上

海外贈郎詩 / 閨中婦

讀崔友洋英雄崇拜論賦次帝國山河 / 石蘇生 李東初

十可憐 / Funny AB生

秋感 / 高元勳

悲秋詞 / 無何狂 宋旭鉉

海底旅行記談 第五回 / 朴容喜

雜錄

會員消息

太極學報義捐人氏名

第十四號 [隆熙 원년(1907) 10월 24일 발행]

論壇

勞働과人生 / 綱島梁川先生의絶筆(中央公論所載)

奮鬪生活之準備 / 石蘇 李東初

學生의規則生活 / 研究生

新時代의思潮 / 一歲生

講壇 學園

敎授와敎科에對ᄒᆞ야 (前號續) / 張膺震

歷史譚 第十二回 시싸ー(海撒)傳(四) / 朴容喜

童蒙物理學講談(四) / 椒海生 金洛泳

地文學講談(二) / 研究生

理科講談(二) (小學敎員參考) / 造然子 譯

天文學講話(一) / 仰天子

養鷄說 (前號續) / 金鎭初

文藝

恨 / 椒海生

海底旅行記談 (第六回) / 朴容喜

雜報

留學生大運動會

青年會運動

留學生長眠

會員消息

新入會員

會事要錄

會員名簿

第十五號 [隆熙 원년(1907) 11월 24일 발행]

論壇

勞働과人生 (前號續) / 綱島梁川 ; 白岳春史 譯

青年立志 / 金志侃

良民主義 / 石蘇 李東初

講壇

教授와教科에對ᄒᆞ야 (前號續) / 張膺震

歷史譚第 十三回 크롬웰傳 / 朴容喜

農業硏究談 / 金志侃

學園

地中의溫度 / 硏究生

椄木法 / 朴相洛(譯)

輕氣球談 / 仰天子

쏠도液 / 韓相琦
理科教授法問答 / 浩然子
寄書
告我山林學者同胞 / 朴相駿
告我青年 / 黃菊逸
恭賀太極學報 / 崔烈
文藝
海底旅行記談 第七回 / 自樂堂 朴容喜
雜錄
會事要錄
新入會員
會員消息

第十六號 [隆熙 원년(1907) 12월 24일 발행]

論壇
文明의精神을論흠 / 鄭濟原
青年의歷史研究 / 金志侃
國家와教育의關係 / 金鎭初
少年國民의養成 / 石蘇 李東初
農業振興策 / 畊世生
講壇
世界文明史 / 金洛泳 (譯述)
家庭教育法 / 金壽哲 (譯述)
歷史譚第 十四回 - 크롬웰傳(二) / Der Historiker
學園
音響의니야기 / 研究生
天文學講話 / 仰天子

理科講談 / 浩然子(譯)
桵木法 (續) / 朴相洛(譯)
數學의遊戲 / 朴有秋 朴有秉
文藝
魔窟 / 白岳春史
天國과人世의歸一 / 玄玄生
贊太極報 / 農窩 鄭濟原
同題 / 鄭尙默
追悼表振模舊雨 / 愛宇生 金永基
恨別八絶 / 秋觀生 高元勳
海底旅行記談 第八回 / 自樂堂
雜報
會員要錄과會員居就
新入會員
太極學報義捐人氏名
皇太子殿下東京御着
會事追錄

第十七號 [隆熙 2년(1908) 1월 24일 발행]

論壇
文明의性質有差와文明의誘入勿誤 / 石蘇 李東初
小學教員의天職 / 浩然子
人生이라ᄂᆞᆫ動物 / 金載汶
講壇
學問의目的 / 硏究生
世界文明史－非文明的人類－前號續 / 金洛泳 (譯述)
家庭教育法 / 金壽哲 (譯述)

歷史譚第 十五回－크롬웰傳 / Der Historiker

農業의保護와改良에關흔國家의施設 / 耕世生

學園

磁石의니야기

桵木法 (前號續) / 朴相洛(譯)

養鷄說 / 金鎭初

美國에留學흐는友人의게 / 椒海生

漢陽述懷 五首 / 東憂子 鄭錢迺

觀菊記 / 惟一 閒閒子

客中歲暮 / 浮萍生

新年詠 / 石蘇 李東初

新年祝詞 / 李奎濚

雜錄

會事要錄

永柔郡支會新入會員

太極學報義捐人氏名

寄書 / 平壤 盧麟奎

第十八號 [隆熙 2년(1908) 2월 24일 발행]

論壇

無名의英雄 / 農窩生 鄭濟原

青年의處世 / 浩然子

文明의準備 / 金志侃

最善의文明開化는各種産業의發達에在흠 / 牧丹山人

講壇

小學校敎員의注意 / 勸學子

農業의保護와改良에關흔國家의施設 (前號續) / 耕世生

世界文明史－非文明的人類－/ 金洛泳 (譯述)
家庭教育法 / 金壽哲 (譯述)
歷史譚第 十六回－크롬웰傳(前號續) / 崇古生
前世界의研究 / 研究生
學園
人造金 / 學海主人
寒中動物談 / 柳種洙
椄木法 (前號續) / 朴相洛(譯)
化學瞥記 / 朴廷義
文藝
臨終時에其子의게與ᄒᆞᄂᆞᆫ遺書 / 經世老人
愛國歌 / 愛國生
海底旅行記談 第九回 / 冒險生
雜錄
恭賀太極學會
會事要錄
龍義支會任員錄
新入會員
龍義支會新入會員
會員消息
太極學報義捐人氏名

第十九號 [隆熙 2년(1908) 3월 24일 발행]

論壇
青年의得意 / 椒海生
教育界의思潮 / 浩然子
東洋史의 研究 / 挽天生

實業과公德 / 牧丹山人

講壇

世界文明史 (前號續) / 金洛泳 譯述

家庭教育法 (前號續) / 金壽哲 譯述

歷史譚第 十七回－크롬웰傳(前號續) / 崇古生

教師는無階級之尊卑ᄒᆞ고其責任은無輕重之等差 / 李奎澈

青年의心理學應用 / 研究生

學園

天然痘豫防法 / 金英哉

海의談 / 學海主人

駱駝譚 / 朴相洛

化學初步 / 朴廷義

文藝

社會와家庭 / 吳錫裕

師弟의言論 / 隱憂生

漢詩五首 / 六守生, 慷慨生, 隱憂生

雜錄

乾元節慶祝

會事要錄

會員消息

新入會員

龍義支會新入會員

太極學報義捐金第四回 平壤贊成人氏名連續

第二十號 [隆熙 2년(1908) 4월 24일 발행]

論壇

至誠의力 / 金鴻亮

人生의運命 / 李奎澈
實力의希望 / 白鎭珪
農業界의思潮 / 金志侃
科學의急務 / 金英哉
講壇
世界文明史 - 東洋의文明 / 椒海 (譯述)
家庭教育法 / 金壽哲 譯述
歷史譚第 十八回 - 크롬웰傳(前號續) / 崇古生
杉樹及各種果木移植의注意 / 編輯人
學園
唾痰의衛生 / 金英哉
化學初步 / 朴廷義
果樹剪定法 / 金志侃
天文學講話 / 仰天子
實業地理 / 學海主人
文藝
無何鄕 / 李奎澈
秋心歌二首 / 張啓澤
漢詩二首 / 甑山 金鵬珏, 蓬州閒人
海底旅行 第十回 / 冒險生
雜錄
恭呈太極學會
會事要錄
會員消息
新入會員
張啓澤氏의事歷
太極學報義捐人氏名

第二十一號 [隆熙 2년(1908) 5월 24일 발행]

論壇

修養의時代 / 抱宇生

持續性涵養의必要 / 浩然子

自主獨行의精神 / 牧丹山人

人類는社交的動物이라 / 畊世生

體育論 / 文一平

國文과漢文의過渡時代 / 李寶鏡

講壇

世界文明史－東洋의文明(前號續) / 椒海 (譯述)

歷史譚第 第十九回－크롬웰傳(前號續) / 崇古生

畜産의蕃殖方針 / 金載健

家庭教育法 / 金壽哲 (譯述)

學園

經濟學의大意 / 三寶

哲學初步 / 學海主人

保護國論 / 日本法學博士有賀長雄原著 ; 金志侃 (譯述)

世界風俗誌 譯述(一) / 文一平

文藝

莊園訪靈 / 抱宇生

海底旅行 第十一回 / 冒險生

雜錄

會事要錄

新入會員

本報義捐人氏名

會員消息

第二十二號 [隆熙 2년(1908) 6월 24일 발행]

論壇

本報의過去及未來

決心의能力 / 金志侃

法律學生界의觀念 / 松南

우리父老여 / 浩然子

有大奮發民族然後有大事業英雄 / 中叟

守舊가反愈於就新 / 楊致中

講壇

世界文明史－東洋文明 / 椒海 譯述

歷史譚第 第二十回－크롬웰傳(前號續) / 崇古生

兒童敎育說 / 研究生

競爭의根本 / 抱宇生

家庭敎育法 / 金壽哲 譯述

學園

哲學初步 / 學海主人

動物의生殖法 / 抱宇生

果樹剪定法 (前號續) / 金志侃

衛生問答 / 金英哉

化學初步 / 朴廷義

文藝

送留學生歸國 / 松南

送農學士金鎭初氏之本國 / 金源極

是日也에滿心興感 / 牧丹山人

俚語 / 十六世達觀人 朴徠均

詞藻

遊上野公園 / 松南 春夢人

觀動物園
時感 / 中叟
又 / 長林晩悟
臨不忍池 / 雙城樵夫
祝太極學會 / 石上隱人
又 / 永明居士
送金鎭初(農學卒業生) / 斗南一人
又 / 牧丹山人
慰牧丹山人生朝韵 / 松南春夢人
雜錄
會事要錄
會員消息
新入會員
永柔郡支會新入會員
太極學報義捐人氏名
成川郡支會任員錄
東萊府支會任員錄
會員錄

第二十三號 [隆熙 2년(1908) 7월 24일 발행]

論壇
賀李熙直義務 / 一記者
竊爲我咸南紳士同胞放聲大哭 / 松南
士習의腐敗 / 觀海客
性質의改良 / 中叟
政海의投入ᄒᆞᄂᆞᆫ青年 / 牧丹山人
講壇

歷史譚第 第二十一回 - 크롬웰傳(前號續) / 椒海

二十歲僅內外靑年의敎育範圍 / 雙城樵夫

스사로敎育홀지어다 / 抱宇生

家庭敎育法 / 金壽哲 譯述

學園

物理學의자미스러온이야기 / 抱宇生

化學講義 / 金鴻亮

物理學講義 / 金鉉軾

알키메데스氏(ARCHIMEDES)의說 / 竹庭

鷄卵의貯藏法 / 觀物客

詞藻

謝金甲淳盛意 / 松南 金源極

又 / 牧丹山人 金壽哲

述懷 / 觀海客

異域感懷 / 石上逸民

漫吟 / 沛城樵夫

送本會의支會視察員金洛泳君 / 信天生

遊芝區公園 / 中叟

贈逸見嘉兵衛 / 松南 春夢

燈夜遊吉原 / 斗南一人

國文風月三首 / 牧丹山人

送牧丹山人金壽哲還國 / 松南 金源極

七月二十二日新橋驛餞別諸學生有感 / 頭山逸民

文藝

遊淺草公園記 / 松南 春夢

東西氣候差異의觀感 / 觀海客

老而不死 / 十六世夙成人 金瓚永

巷說 / 耳長子
送本會의支會視察員金洛泳君 / 松南 金源極
歌調 / 嵂洋子
雜俎
祝辭 / 咸南永興郡洪明學校生徒 李命燮
雜錄
會員消息

第二十四號 [隆熙 2년(1908) 9월 24일 발행]
論壇
祝 大皇帝陛下卽位紀念日 / 一記者
舊染汚俗咸維新 / 松南
讀梁啓超所著朝鮮亡國史略 / 中叟
忠節은우리의當務 / 金基柱
講壇
實業發展의方針 / 頭山逸民
教育者와宗教 / 抱宇生
學窓餘話－南兒와女兒 / 竹庭
研究는進化의本이라 / 徐炳玹
我國青年의危機 / 文一平
學園
警察의定義 / 李大衡
生理學初步 / 牧丹山人
梨樹栽培說 / 金志侃
사이폰, 測量機, 폼푸 / 抱宇生
吊金泰淵文 / 金源極
吊崔時建文 / 金源極

聞李寅杓哀音有淚 / 金源極
遊日比谷公園 / 春夢子
桑苗의喜消息 / 雙城樵夫
實業勉勵會趣旨書
詞藻
大皇帝陛下卽位紀念日祝賀韵 / 金源極
又
雨夜聽蚊雷 / 渴睡子
詠杉 / 觀物子
窓下雙竹
霖後見月
明治學院閉學式演會 / 斗南一人
詠雷雨 / 警世人
送別安濬君 / 峩洋子
哭崔時建君 / 憂時子
午陰聽蟬 / 觀物客
歌調륙자ᄇᆡᆨ이 / 峩洋子
談叢 / 知言子
만슈셩졀을축ᄒᆞᆷ / 牧丹山人
又 / 龍骨山人
寄牧丹山人
寄書
有所思 / 文尙宇 (※목차에는 '文乃郁'으로 되어 있음)
雜俎
祝辭
雜錄
萬壽聖節慶祝

學生稍來
會員消息
會事要錄

第二十五號 [隆熙 2년(1908) 10월 24일 발행]

論壇
本會의第三回紀念 / 記者
平壤의中學校消息 / 松南
社會의 假志士 / 北愚 桂奉瑀
內地에셔日本留學生歡迎及餞別會의消息 / 松南生
我青年社會의責任
內地各學校設廢의情形 / 中叟
講壇
勸學論 / 金鴻亮 譯
我輩青年의危機 (續) / 文一平
家庭教育法 / 金壽哲 譯述
隨病投藥 / 李寶鏡
吾人의缺點 / 浩然子
童蒙物理學講話 / NYK生
毒物의研究 / 研究生
鷄病簡易治療法 / 椒海
捕鯨法 / 學海主人
學園
除蟲菊의研究 / 研究生
文藝
送楊性春歸國 / 金源極
賀韓昌鉉君游學壯志 / 雙城樵夫

奉答北愚桂奉瑀大人 / 金壽哲
恭呈于崔時俊君 / 牧丹山人
詞藻
九日與韓光鎬梁東衡二友登臨 / 天風
賀本報講覽金尙翼六十一壽 / 記者
愚唫 / 孤釵
又 / 惠帆
贈朴友泰殷韻 / 牧丹山人
秋韵一首 / 無何生 宋旭鉉
國文風月三首 / 牧丹山人
秋夜偶吟 / 松南秋醒
賀贈鄭錫迺君韵 / 金源極
又 / 金壽哲
恭呈太極學會 / 朴載善
知李于岡紅友韵 / 松南
和贈楊性春二首 / 金源極
送別朴徠均追懷 / 上同
歌調
太極學會第三回創立紀念歌
寄書
觀報有感 / 高原郡 金基鎬
祝辭 / 永興軍原明學校生徒 尹達五
恭呈祝詞 / 朴日燦
雜錄
會事要錄
本報義捐人氏名

第二十六號 [隆熙 2년(1908) 11월 24일 발행]

論壇

內地各學會의對ᄒᆞᆫ意見 / 記者

夏期에歸國ᄒᆞ엿든留學生諸氏여 / 金基柱

我國學生諸氏여 / 松南

師範養成의必要 / 秋醒子

長老의責任 / 觀海客

學校의弊害 / 永興支會員 桂奉瑀

講壇

先覺者의三小注意 / 成川支會長 朴相駿

我國青年의危機 (續) / 文一平

家庭教育法 (續) / 金壽哲 譯述

童蒙物理學講話 / NKY生

腦와神經의健全法 / 研究生

學園

鷄病簡易治療法 / 學海主人

梨樹栽培說－前二十四號續 / 金志侃

文藝

送鄭益魯氏歸國 / 松南子

送郭龍舜君歸國 / 牧丹山人

寄書

獨立이必在於團結 / 朴日燦

告我同胞諸君 / 徐炳玹

公函

敬呈太極學會僉座

恭呈于太極學報主筆金源極閣下

說苑

血淚(希臘人스팔타쿠스의演說) / 李寶鏡
詞藻
奉呈太極學會僉座下 / 高原郡 金夏燮
寄韵 / 湖庵 崔齊極
和 / 松南 金源極
出品川迎靜岡旅行牧丹山人 / 秋醒子
慰韓東初弧辰韵 / 松南子
歌調
희망가 / 愛國生
學生歌 / 教育子
雜錄
學界彙報
會事要錄
新入會員
會員消息
本會義捐人氏名

西友

1906. 12. 1.~1908. 5. 1.(통권 17호). 매월 1일 발행.

* 주필: 朴殷植
* 편집 겸 발행인: 金明濬(1~7호)·金達河(8~17호)
* 인쇄소: 普成社(1~4호, 15~17호)·國民新聞社(5호)·普文舘(6~8호)·京城日報社(9~14호), 漢城
* 발간단체: 西友學會(1906. 10. 창설)
  - 발기인: 朴殷植·金秉熹·申錫廈·張應亮·金允玉·金秉一·金達河·金錫桓·金明濬·郭允基·金基柱·金有鐸
  - 회 장: 鄭雲復
  - 부회장 겸 총무원: 金明濬
  - 평의장: 姜華錫
  - 평의원: 朴殷植·申錫廈·金達河·金錫桓·金允五·盧伯麟·李甲·柳東作·金羲善·金亨燮·柳東說·崔在學·安瀷·安秉瓚·金舜敏·金基柱
  - 교무원: 朴殷植·盧伯麟·崔在學·李裕楨·玉東奎
  - 交察員: 柳東作·金錫泰
  - 회계원: 金達河·金允五
  - 서무원: 鄭在和·朴景善
  - 사찰원: 崔在學·安秉瓚

第一號 [光武 10년(1906) 12월 1일 발행]

本會趣旨書

序 / 剛庵 李容稙

祝辭 / 霞山 南延哲, 毅齋 閔丙奭, 又荷 閔衡植, 嵩陽山人 張志淵

社說 / 會員 朴殷植

論說

教育이不興이면生存을不得 / 會員 朴殷植

教育部 / 會員 靑尊子 柳東作

美國教育進步의歷史 / 大韓西友學員朴殷植 譯述

學校之制－世界進化論中抄譯 - / 會員 朴殷植

衛生部 / 會員 金鳳觀

學校衛生의必要 / 會員 柳東作

雜俎

愛國論 / 會員 朴聖欽

靑年의責任 / 會員 李甲

林業의必要 / 會員 玉東奎

懶惰之罰 / 謙谷 朴殷植

論算學 / 會員 李裕楨

我東古事

三聖祠 / 會員 朴殷植

人物考

詞藻

自厲 / 飮氷室主人

文苑

大同志學會序

蠻辨 / 會員 金達河

時報

會錄

光武十年十月二十六日臨時會錄

光武十年十一月八日特別通常會錄

會員名簿

會計員報告

第二號 [光武 11년(1907) 1월 1일 발행]

序 / 心齋 李道宰

祝辭 / 金陵 大垣丈夫, 芝山 李章薰, 金華散人 尹泰善

社說

新年祝辭 / 謙谷散人

敬告社友 / 會員 朴殷植

論說

舊習改良論 / 會員 朴殷植

教育部

女子教育 / 會員 柳東作

學校總論 / 支那飮氷室主人 著

衛生部 / 會員 金鳳觀

雜俎

愛國論一 / 支那哀時客稿, 會員 朴殷植譯述

愛國論二

勸農歌로勉學業 / 會員 全秉鉉

人民自由의 限界 / 會員 玉東奎

敬告青年 / 會員 金益三

論筭學(前號續) / 會員 李裕楨

국어와 국문의 필요 / 회원 쥬시경

我東古事

箕子琴操

箕子廟

人物考

乙支文德傳

詞藻

遼夜曉行 / 燕岩

懷贈袁隨園

夜成 / 瀏陽居士

文苑

支那人任公

時報

會報

新入會員氏名　第二回

會員消息

會計員報告 第二号

第三號 [光武 11년(1907) 2월 1일 발행]

別報

滿洲報譯謄

論說

團體成否의問答 / 會員 朴殷植

教育部

學校總論(前號續) / 會員 朴殷植

家政學譯述－小兒教養 / 會員 金明濬

廣新學以輔舊學說 / 寓支那上海美國李佳白著, 朴殷植譯述

衛生部－前號續 / 會員 金鳳觀

商戰說 / 會員 李達元

本會前途의興替關係에對ᄒᆞ야矢心主意ᄒᆞᆯ것을互相警告라 / 會員 李奎濚
國民의性質과責任 / 會員 朴聖欽
雪地氷天 / 會員 金達河
論筭學(前號續) / 會員 李裕楨
我東古事
東明聖王의遺蹟
傳疑錄
人物考
梁萬春傳
詞藻
三典歌
新年祝歌 / 會員 宋在燁
文苑
動物談 / 支那哀時客稿
時報
會報
第三回通常會錄
第二回特別總會錄
會員消息
新入會員氏名 第三回
會計員報告 第三号

第四號 [光武 11년(1907) 3월 1일 발행]
論說
機會 / 會員 朴殷植
悲喜

寄函 / 會員 朴台永

教育部

家政學譯述(前號續) - 二哺育 / 會員 金明濬

學校總論 譯述(前號續) / 會員 朴殷植

體育의必要 / 會員 金義善

子女敎養에就ᄒᆞ야 / 岡田朝太郎氏 談話, 會員 柳東作 譯述

衛生部 / 會員 金鳳觀

我韓의鑛産概要 / 會員 朴聖欽

論學會 / 支那飮氷室主人 著, 會員 李甲 譯述

雜俎

空中飛行器의大競爭 / 會員 朴聖欽

北極探險

船暈의治療法

植物의髮

郡守는宜專心於敎育 / 會員 鄭在和

論筭學(前號續) / 會員 李裕楨

我東古事

新羅始祖

人物考

金庾信傳 / 會員 朴殷植

詞藻

讀西友會報感起而作 / 蜜啞子

贊西友行 / 梅下生 崔永年

西友師範學校學徒歌 / 會員 金有鐸

文苑

唯心論 / 支那飮氷室主人著

時報

會報

第四回通常會錄

新入會員氏名－第四回

本會開會順序及規程

祭崔勉菴先生文

會計員報告 第四號

第五號 [光武 11년(1907) 1[4]월 1일 발행]

祝辭 / 會員 方興周

論說

師範養成의急務 / 會員 朴殷植

別報

淸保護載後識 / 會員 朴殷植

教育部

正當ᄒᆞᆫ教育法 / ᄅᆽ드博士의講演, 柳東作 譯述

教員과生徒의相互關係

烏의合議裁判論 / 穗積博士

教育의宗旨 / 會員 安秉瓚

家庭學 / 譯述者 會員金明濬

學校總論 譯述 (前號續) / 會員 朴殷植

衛生部 (前號續) / 會員 金鳳觀

我韓의鑛産槪要 (前號續) / 會員 朴聖欽

論筭學 (前號續) / 會員 李裕楨

雜俎

統治의目的物 / 會員 韓光鎬

學生의志願 / 會員 朴景善

陽曆이是舊曆

忍耐ᄒᆞᄂᆞᆫ것이事業의原因 / 會員 朴聖欽
我東古事
耽羅國
人物考
金庾信傳 續 / 會員 朴殷植
詞藻
憶綺雲閣主人 / 小宋
文苑
驅專制文
時報
會報
第五回通常會錄
新入會員氏名
會計員報告 第五号

第六號 [光武 11년(1907) 5월 1일 발행]

祝辭 / 海平 尹德榮, 聽雨 閔京鎬
社說
切實意見
實業學科及學生數
別報
敬告兩西士友 / 總敎長 李道宰
奮鬪的生活 / 譯述者會員 柳東說
袁總督(世凱)夫人演說 / 天津報照謄
敎育部
家庭學 (續) / 譯述者會員 金明濬
論幼學 / 支那飮氷室主人著, 朴殷植譯述

衛生部

　衛生의要論 / 會員 李奎濚

　個人自治

雜俎

　答中和郡培英學校來函 / 會員 朴殷植

　一與各의成敗論 / 會員 文錫瓛

國債報償問題

　留學生來函大概

　煙草의害를論ᄒᆞ야國債의速償을祝홈 / 會員 李奎濚

　禁煙하라報償ᄒᆞ세 / 太極魂 安憲

　外債國瘼之大者 / 卞永周

論算學 續 / 會員 李裕楨

我東古事

人物考

　金庾信傳 (續)

詞藻

文苑

　升孔子爲大祀議案 / 支那學部 徐坊橋

時報

會報

　第六回通常會會錄

　會計員報告 第六號

第七號 [光武 11년(1907) 6월 1일 발행]

論說

　祝義務教育實施 / 會員 朴殷植

　閔氏疏本

批旨
別保
韓國工業 / 日文京城報譯謄
教育部
家庭學 (續) / 譯述者會員 金明濬
論幼學 前號譯述續 / 會員 朴殷植
衛生部 / 會員 金鳳觀
愛國精神談 / 著作人 法人愛彌兒拉, 譯述者會員 盧伯麟
雜組
北京報謄載後識 / 會員 朴殷植
領事의裁判權 / 會員 韓光鎬
葉과日光의關係 / 譯述 鄭泰胤
國家事가誤於物欲 / 會員 崔烈
五月十二日西北學生親睦會運動場演說 / 漢北學生 金聖烈 述
演說 / 會員 安昌鎬
民法講義의概要 / 會員 朴聖欽 譯抄
梅柳의競爭論 / 會員恩剛生 鄭秉善
個人自治 (續) / 金奎植 譯, 會員 徐光浩 筆記
我東古事
嘉俳節
人物考
金庾信傳 (續)
詞藻 / 會員 金有鐸
寄生公 / 嬰公
答嬰公 / 生公
留別西友會員 / 嵩下歸客
文苑

請觀賽馬善會 / 遠東報論說

時報

會報

第七回特別總會會錄

會員消息

會計員報告 第七号

第八號 [光武 11년(1907) 7월 1일 발행]

論說 / 會員 朴殷植

人民의生活上自立으로國家가自立을成흠

教育部

家庭學 (續) / 譯述者會員 金明濬

論幼學 / 前號譯述續, 會員 朴殷植

衛生部

疾病預防의注意 / 陸軍三等軍醫長 劉漢性

衛生要感 / 會員 李達元

愛國精神談 (續) / 譯述者會員 盧伯麟

雜俎

早婚의弊 / 會員 金奎鎭

民法講義의概要 (續)

實業의必要 / 會員 玉東奎

我東古事

善德聖王

金庾信傳 續

詞藻

還家二首 / 會員 韓教學

剃髮

文苑

節錄斯單王琴堂條陳地方自治序 / 支那大公報 照謄

孫松齡爲志學會社說地方自治

駐大韓人共立協會總會長宋錫俊氏追悼文

時報

會報

第八回特別總會會錄

第九回特別總會會錄

第十回通常總會會錄

會員消息

會計員報告 第八号

第九號 [光武 11년(1907) 8월 1일 발행]

祝辭 / 李炳憲

論說

平壤과開城의發達 / 會員 朴殷植

教育部

家庭學 (續) / 譯述者 會員 金明濬

普通教育은國民의要務 / 會員 朴聖欽

論幼學 (續) / 譯述者 會員 朴殷植

衛生部

衛生論十條 / 會員 朴相穆 譯述

愛國精神談 (續) / 譯述者 會員 盧伯麟

雜俎

民法講義의概要 (續) / 會員 朴聖欽

法律上自治의觀念 / 會員 車宗鎬

國法上國務大臣의地位 / 會員 蔡洙玹

新聞廣佈意見書 / 會員 金有鐸
寄書 / 留學生 金炳億
寄書 / 居昌 李炳台
警察視察談 / 丹農生 崔應斗
我東古事
花郎
萬波息笛
人物考
溫達傳
詞藻
哭烈士鄭在洪 / 會員 李達元
文苑
招參書官李君辭 竝序 / 會員 朴殷植
法令
地方金融組合規則(光武十一年五月三十日勅令第三三號)
內閣官制(光武十一年六月十四日勅令第一號)
內閣所屬職員官制(光武十一年六月十五日勅令第三十六號)
內閣會議規程(光武十一年六月十五日勅令第三十七號)
諸法令中改正件(光武十一年六月十九日勅令第四十二號)
民事刑事訴訟에關ᄒᆞᆫ件(光武十一年六月二十七日法律第一號)
會報
毅齋閔丙奭氏公函
第十一回通常會會錄
會員消息
會計員報告 第九
郵書寄函
郵書개披

第十號 [光武 11년(1907) 9월 1일 발행]

祝辭 / 會員 金泰淳

論說

文弱之弊는必喪其國 / 會員 朴殷植

教育部

家庭學 (續) / 譯述者 會員 金明濬

論幼學 (續) / 譯述者 會員 朴殷植

愛國精神談 (續) / 譯述會員 盧伯麟

雜俎

外國人의公權及公法上義務 / 東初 韓光鎬

賀腐儒就新 / 涓隱 全秉鉉

對韓私見－戶水博士對韓意見의駁論

我東古事

竹長陵

書出池

人物考

張保皐와鄭年傳

詞藻

坐懷舊侶 / 胎石生

讀太極報賀熱心進就 / 會員 李達元

文苑

祭閔忠正公文 / 撰述人 朴殷植

世界約論

國內郵遞要覽

會計員報告

第十一號 [光武 11년(1907) 10월 1일 발행]

論說
　國民의特性 / 會員 朴聖欽
間島의來歷 / 朴聖欽
博覽會 / 會員 金達河
敎育部
　日本澁澤家의家訓
　敎育精神 / 朴相穆
衛生部
　兒童의衛生
雜俎
　新嘉坡의植物園談
　京義鐵道의沿路概況
　韓國의鹽業一斑
我東古事
　京城古塔
人物考
　姜邯瓚
詞藻
　哭烈士鄭在洪君 / 會員 韓敎學
文苑
　京城歷史의概要 / 會員 金達河
時報
國內郵遞要覽
會計員報告

第十二號 [隆熙 원년(1907) 11월 1일 발행]

寄書 / 金河琰 - 冒險勇進은青年의天職

論說

自治論

教育部

王公教育

衛生部

兒童의衛生 (續)

雜俎

我韓의石炭

隨錄

韓國의利原

我東古事

義娘岩

人物考

金富軾

別報 / 會員 金達河

文苑 (續) / 會員 金達河

時報

會報

第十二回通常會會錄

紀念會況

國內郵遞要覽 (續)

會計員報告

第十三號 [隆熙 원년(1907) 12월 1일 발행]

論說

自助論
教育部
人格如何而可養成乎
衛生部
兒童의衛生 (續)
雜俎
韓國의 林業
養豚實驗談
世界平和의理想
漢字統一會開設에關ᄒᆞᆫ意見
京城歷史의槪要 (續)
演說의主客顚倒
世界第一의巨船과高屋
民法講義의槪要 (第九號續)
平和會義의成績
看病論으로憶同胞兄弟 / 日本留學生 金炳億
我東古事
濊, 貊
人物考
金富軾 (續)
文苑
定界事略
時事日報 (起十月十六日 止十一月十五日)
會計員報告

第十四號 [隆熙 2년(1908) 1월 1일 발행]

論說

自助論 (續)
教育部
人格如何而可養成乎 (續)
雜俎
米國大統領루스벨트氏 / 長風生
世界異聞
太平洋上에亞米利加의勢力
漢字統一會開設에關ᄒᆞᆫ意見 (續)
看病論으로憶同胞兄弟 (續) / 日本留學生 金炳億
我東古事
溟州曲
人物考
李舜臣
時事日報 (起十一月十六日 止十二月十五日)
會報
會計員報告

第十五號 [隆熙 2년(1908) 2월 1일 발행]

西北學會趣旨書
祝辭 / 李容植, 會員 鄭秉善, 會員 李奎濚, 會員 柳春馨, 會員 柳益秀, 會員 羅寅紀, 會員 柳海運, 會員 全夏錫, 會員 李東暉, 會員 劉允璿
社說 / 朴殷植
教育部
女子教育의急先務 / 會員 金河琰
勞動同胞의夜學 / 朴殷植
養鯉法 / 日本伊崎吟二郎 著, 全載億 譯

法學의範圍
西北學會의性質 / 會員 李達元
警我青年同胞 / 憂世子
雜俎
東洋協和도亦智識平等에在홈 / 會員 李奎濚
人物考
庾黔弼傳
詞藻
哭閔忠正公大祥 / 蜜啞子
時報 (起隆熙二年二月初一日 止 十五日)
會報
西北學會組織會錄
閔泳徽氏來函
會計員報告
附則
法令摘要

第十六號 [隆熙 2년(1908) 3월 1일 발행]
論說
人의事業은競爭으로由ᄒᆞ야發達홈 / 謙谷
我韓教育歷史 / 一惺子
教育部
教育의盛衰ᄂᆞᆫ國家勝敗의原因 / 張道斌
今日之急務ᄂᆞᆫ當何先고 / 本校學員 金奎承
今日之急務ᄂᆞᆫ當何先고 / 本校學員 崔潤植
困難者ᄂᆞᆫ嚴正之教師 / 本校學員 姜振遠
困難者ᄂᆞᆫ嚴正之教師 / 本校學員 李炳觀

衛生部
　衛生要義 / 會員 姜玩熙
晩學說 / 會員 盧義龍
國家의槪念
雜俎
　貨幣의槪論 / 會員 金河琰
　女子之光明 / 日本巖谷松平의婦人巖谷孝子
　夢拜乙支將軍記 / 大痴子
　刑法과刑事訴訟法의關係如何
　新聞의效力 / 本校學員 朴漢榮
詞藻
　六哀 / 涵齋生
我東古事
　趙沖傳
　滄海力士黎君傳
會報
　西北學會를合設ᄒᆞᆫ後에一般會員의氏啣을僉員의게知得키爲ᄒᆞ야名簿를左에 謄載ᄒᆞᆷ
會計員報告
附則
　法令摘要

第十七號 [隆熙 2년(1908) 5월 1일 발행]

論說
　西北諸道의歷史論
教育部
　本校의測量科 / 謙谷生

養鯉法 / 譯續
烈哉라農業同胞의血
衛生部
衛生의節次 / 青隱生
國家의概念 (續)
雜俎
念我海外留學同胞 / 于岡生
離婚法制定의必要 / 東初生
國民의義務 / 山雲生
實業論 / 會員 李承喬
祝賀西北學會 / 會員 李基疇
智力의戰場 / 長吁生
德育의必要
詞藻
送學生諸益之日本東京 / 蘭谷 李承喬
委任同知 / 會員 韓致學
感事
我東古事
遯庵 鮮于浹先生傳
白頭山古蹟
聖祖發祥古蹟
會報
本會會舘及學校建築金請捐書
答大韓學會來函
會員消息
學界消息
會計員報告

附則

法令摘要

大韓留學生會學報

1907. 3. 3.~5. 24.(통권 3호). 월 1회 발행.

* 편집인: 崔南善
* 발행인: 柳承欽
* 인쇄소: 明文舍, 日本 東京
* 발간단체: 大韓留學生會(1906. 7. 창설)
  - 회　장: 崔麟
  - 부회장: 朴勝彬
  - 평의원: 韓溶 · 劉泰魯 · 李亨雨 · 尹台鎭 · 張弘植 · 尹定夏 · 閔亨基 · 蔡基斗 · 崔錫夏 · 元勛常
  - 총무원: 柳承欽 · 李昌煥 · 劉銓
  - 서기원: 尹定夏 · 金鎭初 · 邊熙駿 · 申厚永
  - 회계원: 文乃郁 · 李承瑾
  - 서무원: 李昌煥 · 韓相愚 · 朴成九 · 李相鎭 · 柳晩秀 · 安鐘九
  - 편찬원: 柳承欽 · 崔南善 · 卞永周
  - 번역원: 羅弘錫 · 尹敎重 · 吳一純 · 林圭 · 姜大喆 · 崔麟

第一號 [光武 11년(1907) 3월 3일 발행]

大韓留學生會學報趣旨書

留學生會學報小叙 / 韓致愈

現時代의要求ᄒᆞᄂᆞᆫ人物 / 崔南善

謹告我青年同胞 / 李亨雨

愛國心與參政權常爲正比例 / 崔麟

修才智者必先修道德 / 尹台鎭

獻身的精神論 / 卞永周

父母惟其疾之憂 / 尹定夏

公共主義說 / 柳承欽

銀行과經濟發達의關係 / 李漢卿

歲暮所感 / 邊熙駿

人格을養成ᄒᆞᄂᆞᆫ데敎育의效果 / 南宮營

國文과漢文의關係 / 韓興敎

警察爲國家干城 / 李圭正

信敎論 / 趙鏞殷

敬告我留學生諸君 / 李承瑾

學海

　法律과道德의區別 / 李昌煥

　彗星說 / 崔南善

　地球之過去及未來 / 橫山又次郎 著, 學不厭生 譯

　貿易上으로觀ᄒᆞᆫ英法 / 文乃郁

史傳

　華城頓傳 / 崔生

文苑

　江戶書感 / 瀕[頴]濱生 卞永周

　(이솝스)寓話抄譯 / 蒼蒼生

余의人生觀 / 憑虛子

雜纂

閑人閑誌 / 一閑人

郵票起源

甲乙自由問答 / 友古生

畵花無香 / 河斗泓

學報

學界彙報

會錄

光武十年九月二日第一回總會會錄

光武十年十月七日第二回定期總會錄

光武十年十一月四日第三回定期總會錄

光武十年十一月十七日任員會錄

光武十年十一月二十五日通常任員會錄

光武十年十一月二十八日臨時總會錄

會告

第一回決算報告

誌告

第二號 [光武 11년(1907) 4월 7일 발행]

聖詔恭錄

伏感 盛恩 / 柳芯根

評論 / 崔南善

國家의主動力

熱心과誠意

演壇

有志者事竟成 / 潁濱生

辯我留學生社會分合異同說 / ○○○
愛國當如家 / 尹台鎭
擁爐問答 / 學凡朴勝彬傍錄
競爭論 / 金台鎭
辯才語 / 卞永周
搏虎者의說 / 海外觀物客李奎濚
自任 / 羅弘錫
精神教育의必要 / 楊致中
時間經濟의說明 / 郭漢七
愛國ᄒᆞᄂᆞᆫ誠心 / 金寬植
誠心과能力의奮發 / 崔昺浚
學海
地理學雜記 / 崔生
國際公法論 / 李承瑾
商業教育 / 尹定夏
勞力 / 李昌煥
化學問答 / 崔鳴煥
地球之過去及未來 (續) / 學不厭生譯
東西奇聞 / 尹定夏選
文苑
哭輓勉庵崔先生 / 姜荃
偶感 / 顚濱生
賦舘庭旗竿別各學會賢俊 / 燕園 韓致愈
「이솝쓰」寓話抄譯 / 李亨雨
雜纂
大和隨聞錄 / 卞永周
閑人閑誌 / 一閑人

隨感漫筆 / 河斗泓

史傳

國民의第一聲(國債報償運動)

咄咄怪事(早稻田大學在學生一齊退學)

會報

第六會[回]定期總會會錄

故崔益鉉氏追吊會

安昌浩氏送別會

第三回決算報告

第三號 [光武 11년(1907) 5월 25일 발행]

演壇

國之强弱은在乎國民之團結與否 / 李亨雨

先覺者의感化手段 / 金淇玉

服從과命令 / 羅弘錫

治家治國이並在乎教子 / 韓興教

萬言이不如一爲 / 李熙轍

法律의必要를槪論홈 / 吳政善

目的論 / 姜漢朝

莫急於教育家之缺乏 / 李亨雨

學海

空氣叢論 / 金淇玉

國際公法論 (續) / 李承瑾

化學問答 (續) / 崔鳴煥

貴要食物의槪論 / 爲齋生 李奎濚

警察要義 / 鄭錫迺

經濟生産 / 李漢卿

史傳
讀美國實業家로-지傳
文苑
上野觀櫻 / 顯濱 卞永周
發新橋車站(歸家途中) / 仝人
靖國神社大祭雜觀 / 蓮史 李亨雨
旅舍春望 / 李亨雨
博覽會外觀 / 姜漢朝
旅舘偶吟 / 秋汀 柳晚秀
我의靑丘樂園 / 金淇玉
쓰러져가는딥 / 夢夢
雜纂
人類의起源及發達 / NS生 譯
動物의特性 / 韓興教
蔚山行 / 江見水蔭 著, 顯濱生 譯
韓國之山은不可不禿오其人民은不可不懶惰라 / 舊恨生 譯
上界司下土說 / 柳承欽
彙報
會錄
第八回定期總會會錄
聯合親睦會會錄
第四回決算報告

大東學會月報

1908. 2. 25.~1909. 9. 25.(통권 20호). 매월 25일 발행.

* 편집 겸 발행인: 李大榮, 李完用 纖
* 인쇄소: 普成社(1호)·京城日報社(2~20호), 漢城
* 발간단체: 大東學會(1907. 10. 창설). 학회 사무소 내에 大東專門學校 併設 (1908. 2. 10. 교장 趙重應).
  - 회　장: 申箕善
  - 부회장: 洪承穆
  - 총　무: 徐相勛
  - 지방총무: 趙秉健(경기도)·金敬圭(충청도)·朴齊斌(전라도)·申泰休(경상도)·鄭鳳時(강원도)·洪祐晳(황해도)·閔丙漢(평안도)·鄭鎭弘(함경도)
  - 회　계: 尹滋容
  - 서　기: 李大榮·韓麒洙·尹天九
  - 위　원: 鄭永朝·李奎漢·趙鏔九
  - 평의원장: 閔丙奭
  - 평의원: 金嘉鎭·趙重應·趙民熙·李重夏·申泰休·閔丙漢·鄭寅昇·朴齊斌·姜友馨·李應翼·鄭寅興·徐相勛·趙秉健·金敬圭·金敎碩·金奎東·閔泳采·林永相·尹相翊·金重煥·呂圭亨·洪祐晳·尹悳榮·鄭鳳時·鄭基鳳·申羽均·鄭鎭弘·宋振玉·柳㷜魯·金永直·金正穆·韓致愈·權輔相·李秉穆·李舜夏·朴齊璜·鄭　喬·徐相勉·尹敦求·金東完·李升鉉·呂中龍

第一號 [隆熙 2년(1908) 2월 25일 간행]

序 一 / 金允植

二 / 呂圭亨

取旨書 / 申箕善

祝辭 一 / 閔丙奭

二 / 徐正淳

三 / 洪承穆

四 / 李載崑

五 / 南廷哲

六 / 金嘉鎭

七 / 李重夏

八 / 朴齊斌

會說 / 趙重應

論說

時代思想 / 俞吉濬

世界學問合論 / 張博

可新可舊說 / 張博

學會主旨 / 鄭鎭弘

時局觀瀾 / 白山居士

世道盛衰 / 同

新舊學問이同乎아異乎아 / 李琮夏

學界一斑 / 金文演

學苑

道學源流 / 申箕善

學問體用 / 韓致愈

學問體用 / 金思說

法律學 / 權輔相

法律發生의原因 / 荳泉生

文苑

論漢文國文 / 呂圭亨

詞藻 一 / 東農 金嘉鎭

二 / 見山 趙秉健

三 / 偶吟 / 警世野人

四 / 冬天梅月 / 李大榮

五 / 塔人, 酬南摩羽峯, 酬三島中洲, 酬恕軒 / 藍田股野琢

雜報

會錄

本會紀事

第一回講硏會講義錄 一

仝 二

十二月一日本會開會錄

十二月二十七日成均館開會錄

本會任員錄

會員錄

第二號 [隆熙 2년(1908) 3월 25일 간행]

論說 / 藕山居士

新年希望 / 金文演

學苑

道學源流 續 / 申箕善

養氣說 / 張博

新舊學問이同乎아異乎아 續 / 李琮夏

新學과舊學의關係 / 獎學社二一九號

道學擬論 / 藕山居士

法學用語解 / 權輔相
國家의性質
國家刑罰權의根據
銀行의效用
人類의政治的生活을要ᄒᆞᄂᆞᆫ原因 / 金祥演
化學 / 洪仁杓
農業의改良 / 鄭鎭弘
文苑
五百金買千里馬骨論 / 呂圭亨
詞藻
寄日本三島侍講 / 陽園 申箕善
冬日三絶 / 金嘉鎭
除夕四絶 / 趙秉健
立春 / 同
和呈申副將 / 中洲三島毅
彙報
官報摘要
印章에關ᄒᆞᆫ規則
敎育效績者褒賞規程
外報
會錄
本會紀事
成均館總會時講說

第三號 [隆熙 2년(1908) 4월 25일 간행]

論說
前號續 / 藕山居士

養氣說 (前號續) / 張博

公德 / 同

普渡慈航 / 金文演

國家進步가在國民精神 / 趙東肅

祝辭 / 鄭喬

學苑

道學源流 (續) / 申箕善

宗教之區別 / 元泳義

罪刑에關ᄒᆞᆫ法定主義 / 法律讀書人

人格의觀念及要素 / 同上

經濟書를讀ᄒᆞ다가儒者의現狀을歎ᄒᆞᆷ / 兪承兼

法學用語解 (續) / 權輔相

國力 / 金大熙

化學(空氣) / 白岳山人

文苑

石言 / 藕山居士

愛國說 / 同

擊毬說示諸生 / 苦心生

詞藻

荷花生日 / 菂庭生

南苑觀梅 / 三島毅

偶吟 / 黃世夏

彙報

官報摘要

詔勅 二月二十八日

辭令 三月十七日

勅令 三月二十一日 淸津土地規則

勅令 三月二十五日 淸津官有地賣下規則
外報
會錄
本會紀事
第二回講硏會講義錄
會員錄 (一號續)

第四號 [隆熙 2년(1908) 5월 25일 간행]

論說
前號續 / 藕山居士
學苑
國際公法의性質 / 法律讀書人
公權의 義意及種類 / 同上
化學 / 紫霞遊人
文苑
學校試士雜文 / 芙塘老人
漢文과國文의辨別 / 鄭喬
詞藻
歎北京時事作 / 金允植
白雲洞 / 申箕善
伊藤公爵六十七度詩以賀之 / 金嘉鎭
寒食 / 金文演
彙報
官報摘要
法律 隆熙二年一月二十一日 法律第一號 森林法
部令 隆熙二年三月五日 農商工部令六十三號 國有森林山野部分林規則

외報

會錄

本會紀事

第三回講義錄

第五號 [隆熙 2년(1908) 6월 25일 간행]

論說

論亞文 (續) / 藕山居士

學無新舊 / 申箕善

學苑

公法私法의區別 / 李琮夏

經濟學을不可不讀 / 法律讀書人

貨幣의性質 / 同上

法學用語解 (前號續) / 權輔相

植物學 / 白雲樵子

文苑

學校試士雜文 / 芙塘老人

學會贊 / 鄭昌鉉

詞藻

步陽園白雲洞韻 / 婜齋 徐正淳

同 / 雲養 金允植

白雲莊小集陽園有詩遂和 / 東農 金嘉鎭

次陽園白雲洞韻 / 坦齋 李重夏

同 / 荷亭 呂圭亨

談叢

秋齋叢話 / 寓松閑人

彙報

官報摘要

部令 三月二十四日 農商工部令第六十三號

勅令 四月八日 勅令第二十四號 國有森林山野及產物處分規則

勅令 第二十五號 國有森林山野處分審查會規則

外報

會錄

本會紀事

講義錄

中庸問對

第六號 [隆熙 2년(1908) 7월 25일 간행]

論說

社說 / 藕山居士

學無新舊 (續) / 申箕善

甕中一籌 / 寓松閑人

論正學及新知 / 元泳義

學苑

刑의種類 / 法律讀書人

民事訴訟의根本的觀念 / 同仁

信用의性質을擧ᄒᆞ야經濟上에關ᄒᆞᆫ利害ᄅᆞᆯ論ᄒᆞᆷ / 同仁

衛生學 / 白雲樵子

文苑

新學六藝說 / 金允植

測量算學新編序 / 呂圭亨

詞藻

和綠泉韻 / 石居野人

雨中宴集綠泉亭泰和伊藤公爵席上韻 / 東農 金嘉鎭

校洞宴席伊藤公爵有詩屬和遂次韵和呈 / 同人

談叢

秋齋叢談[話] / 寓松閑人

彙報

官報摘要

部令 四月二十五日 農商工部令第六十五號 森林法施行細則

外報

會錄

本會紀事

講義錄

第七號 [隆熙 2년(1908) 8월 25일 간행]

論說

論亞文(續) / 藕山居士

變有不變 / 寓松閑人

學苑

璣衡新說 / 松隱道人

物名攷 / 藕山居士

生理學 / 養生子

物理學 / 格物子

分業의種類及利害 / 法律讀書人

統治權의性質 / 同人

治外法權 / 寒泉子

文苑

學校試士雜文 / 芙塘老人

錢唐論 / 呂圭亨

詞藻

次會禰副統監宙合樓侍宴韻 / 趙重應
次雲養先生過春帆樓懷古韻 / 同人
前題 / 鄭萬朝
談叢
秋齋叢話 / 寓松閑人
彙報
官報摘要
農商工部令第六十五號 (續)
外報
會錄
本會紀事
任員錄 (續)
支會任員錄

第八號 [隆熙 2년(1908) 9월 25일 간행]

論說
社會說 / 藕山居士
愛己愛國 / 寓松閑人
學苑
機衡新說 (續) / 松隱道人
物名攷 (續) / 藕山居士
領土의性質 / 法律讀書人
國體의區別 / 同人
化學 / 玩物散人
地理學 / 遠遊客
文苑
崇敎義塾新刱論 / 塵界隱人

學校試士雜文 / 芙塘老人
詞藻
天然亭賞蓮 / 坦齋 李重夏
(무제) / 陽園 申箕善
(무제) / 坦齋
詠詩辰鍾 / 東農 金嘉鎭
談叢
秋齋叢話 / 寓松閑人
彙報
官報摘要
農商工部令第六十五號 (續)
外報
會錄
本會紀事
講義錄

第九號 [隆熙 2년(1908) 10월 25일 간행]
論說
論家風 / 芙塘老人
常知有我 / 寓松閑人
學苑
璣衡新說 (續) / 松隱道人
物名攷 (續) / 藕山居士
國務大臣의地位及責任 / 法律讀書人
生理學 / 白陽居士
文苑
原中 / 邁堂居士

學校試士雜文 / 芙塘老人
詞藻
新凉聯句 / 荷亭山人
談叢
秋齋叢話 / 寓松閑人
彙報
官報摘要
詔勅 九月一日
勅令 九月一日 私立學校令(勅令第六十二號)
學會令(勅令第六十三號)
外報
會錄
本會紀事
講義錄
祭講師徐公文

第十號 [隆熙 2년(1908) 11월 25일 간행]

論說
論家風 (續) / 芙塘老人
忙中取閒 / 寓松閑人
學苑
璣衡新說 (續) / 松隱道人
物名攷 (續) / 藕山居士
物理學 / 格物子
議會의性質及其組織을論훔 / 法律讀書人
文苑
小學節要序 / 李重夏

學校試士雜文 / 芙塘老人

詞藻

始興雜始[詩]十一首 / 蘆舫老人

談叢

秋齋叢話 / 寓松閑人

彙報

官報摘要

學部訓令第二號

學部訓令第三號

外報

會錄

本會紀事

講義錄

會員錄 (續)

支會任員及會員錄 (續)

第十一號 [隆熙 2년(1908) 12월 25일 간행]

論說

論獨立不懼遯世無悶 / 芙塘老人

學苑

璣衡新說 (續) / 松隱道人

物名攷 (續) / 藕山居士

植物學 / 白陽居士

契約의種類 / 法律讀書人

文苑

震史重畧序 / 白南奎

胡氏封建論辨 / 寄瀛山人

學校試士雜文 / 芙塘老人
詞藻
秋雨歎次捲我屋上三重茅韻 / 葯庭生
談叢
秋齋叢話 / 寓松閑人
彙報
官報摘要
學部訓令第十四號(九月一日)
公立私立學校認定에關흔規程(學部訓令第十五號)
外報
學界記聞
會錄
講義錄

第十二號 [隆熙 3년(1909) 1월 25일 간행]

論說
人格論 / 芙塘老人
送舊迎新 / 寓松閑人
學苑
機衡新說 (續) / 松隱道人
物名攷 (續) / 藕山居士
地理學 / 白陽山人
會社種類及性質 / 法律讀書人
文苑
學校試士雜文 / 芙塘老人
詞藻
老杏樹接梅枝得活戲吟長句 / 蘆舫

紫藤花補題 / 仝上

談叢

秋齋叢話 / 寓松閑人

彙報

官報摘要

法律第二十四號(十月十日) 刑事裁判費用規則

律第二十六號(十月二十七日) 非訟事件手續規則

詔飭 (隆熙三年一月四日)

外報

會錄

講義錄

文告十三道鄕校

第十三號 [隆熙 3년(1909) 2월 25일 간행]

論說

人格論 (續) / 芙塘老人

去僞踏實 / 金文演

學苑

物名攷 (續) / 藕山居士

資本에就ᄒᆞ야논홈 / 法律讀書人

生理學 - 生活의住居 / 養生

文苑

荷亭先生六十一壽序 / 于堂居士

大東專門學校刱設記 / 示學生 呂圭亨

詞藻

西京懷古 / 扈從員 呂圭亨

談叢

秋齋叢話 / 寓松閑人

彙報

官報摘要

勅語 一月十二日 (※南巡 大丘行在所)

勅語 一月十三日 (※南巡 大田驛)

法律 二月十三日 法律第二號 家屋稅法

法律第三號 酒稅法

法律第四號 煙草稅法

外報

會錄

講義錄

第十四號 [隆熙 3년(1909) 3월 25일 간행]

論說

社說 / 藕山居士

小說과戲臺의關係 / 金文演

教育私議 / 林久次郎

學苑

物名攷 (續) / 藕山居士

國家의法律上觀念 / 法律讀書人

物理學 / 李裕應 (※목차에는 '格物子'로 되어 있음)

文苑

史評一則 / 藕山居士

歲時記 / 呂圭亨 編

詞藻

入病院七首 / 葯庭

鴿奴 / 韓昌愚

談叢

秋齋叢話 / 寓松閑人

彙報

官報摘要

行幸 本月十七日에… (※西巡 관련)

法律 第八號 民籍法

外報

會錄

本會紀事

講義錄

祭會長申公文

祭學會會長申公文

第十五號 [隆熙 3년(1909) 4월 25일 간행]

論說

社說 / 藕山居士

愛惜寸陰 / 金文演

學苑

物名攷 (續) / 藕山居士

局外中立에就ᄒᆞ야論ᄒᆞᆷ / 法律讀書人

生理學 / 白岳居士

文苑

歲時記 (續) / 呂圭亨 編

詞藻

山寺晩眺 / 蘆舫老人

談叢

秋齋叢話 / 寓松閑人

彙報
官報摘要
詔勅 四月一日 勅令第四十三號 (※家屋稅를 시행하는 市街地 지정에 관한 건)
外報
會錄
本會紀事
講義錄

第十六號 [隆熙 3년(1909) 5월 25일 간행]

論說
花史 / 藕山居士
遊春懷春 / 金文演
學苑
物名攷 (續) / 藕山居士
主權國의種類 / 法律讀書人
植物學 / 白岳居士
文苑
歲時記 (續) / 呂圭亨 編
高等學校漢文讀本序 / 呂圭亨
詞藻
三溪洞有集 / 菂庭生
樂院春日 / 金澤榮
人蔘草歌 / 同人
日光四絶 / 鄭丙朝
寄贈觀光團一行 / 成樂賢
談叢

秋齋叢話 / 寓松閑人

彙報

官報摘要

法律第十五號 (四月十三日)

實業學校令(四月二十七日 勅令第五十六號)

外報

會錄

本會紀事

講義錄

第十七號 [隆熙 3년(1909) 6월 25일 간행] 缺

第十八號 [隆熙 3년(1909) 7월 25일 간행]

論說

社說 / 藕山居士

勤爲人生之奇寶良藥 / 成樂賢

學苑

法律學에關ᄒᆞᆫ槪見 (續) / 李琮夏

生理學 (續) / 李裕應

化學 (續) / 仝人

植物學 / 仝人

文苑

荷亭學士六十一歲序 / 雲養老人

荷亭六十一歲壽序 / 坦齋居士

拜坡會記 / 藕山居士

東園荷池記 / 李建昇

無形至寶 / 吳炳日

詞藻
悼金景魯 / 于堂
別人 / 药庭
談叢
秋齋叢話 / 寓松閑人
滑稽奇談 / 成樂賢
彙報
官報摘要
筵說 (六月二十七日)
筵說 (七月六日)
外報
會錄
本會紀事
講義錄

第十九號 [隆熙 3년(1909) 8월 25일 간행]

論說
論持世 / 藕山居士
宗教와漢文 / 金文演
孟子何必曰利論 / 啓明居士
人不可自棄 / 成樂賢
歎白髮 / 道山樵叟
學苑
法律學에關흔槪見 (續) / 李琮夏
植物學 (續) / 李裕應
化學 (續) / 同人
文苑

喬羅別字說 / 芙塘老人
漢城風土記 / 藕山居士
詞藻
再川金雲養中樞韻奉酬葵園 / 槐南 林大來
疊韻奉酬茂亭 / 同人
疊韻奉酬荷亭 / 同人
七月初八景福宮園遊會詩五首 / 同人
次槐南編纂原韻五首 / 荷亭呂圭亨
談叢
秋齋叢話 / 寓松閑人
彙報
官報摘要
公告(七月二十四日)(※사법 및 감옥 사무의 일본 위탁에 관한 각서)
詔勅(七月三十日)(※군부 및 무관학교 폐지, 士官양성을 일본에 위탁)
外報
會錄
講義錄

第二十號 [隆熙 3년(1909) 9월 25일 간행]
論說
記支那遠東報一則 / 藕山居士
家庭教育의必要 / 金文演
理財要論 / 存齋居士
欲學新學先學舊學 / 成樂賢
隨時應變 / 道山樵客
學苑
法律學에關ᄒᆞᆫ槪見 (續) / 李琮夏

生理學 / 李裕應
植物學 (續) / 同人
文苑
同窓錄序 / 成樂賢
漢城風土記 (續) / 藕山居士
詞藻
吊國殤 / 久芳直介
次久芳君韻卽席走筆 / 芙塘老人
是非吟 / 呂中龍
輕重吟 / 同人
彙報
官報摘要
公告 (八月十六日) (※한국은행 설립에 관한 한국정부와 통감부의 협정)
外報
會錄
講義錄

大韓學會月報

1908. 2. 25.~1908. 11. 25.(통권 9호). 매월 25일 발행.

* 편집인: 金淇驩(1~5호) · 柳承斩(6~9호)
* 발행인: 金淇驩(1~5호) · 姜荃(6~9호)
* 인쇄소: 明文舍, 日本 東京
* 발간단체: 大韓學會(1908. 1. 창설)
  - 회　장: 崔麟
  - 부회장: 李恩雨
  - 총무원: 姜麒祐 · 李昌煥 · 蔡箕斗
  - 평의원: 全永爵 · 崔錫夏 · 金淇驩 · 尹冀鉉 · 柳承斩 · 尹台鎭 · 文尚宇 · 鄭世胤 · 朴炳哲 · 林圭 · 朴容喜 · 韓相愚 · 金晉庸 · 崔昌祚 · 崔南善 · 尹定夏 · 姜荃 · 洪淳五 · 崔元基 · 李漢鄉
  - 서기원: 朴有秉 · 姜漢朝 · 朴海達
  - 회계원: 朴容喜 · 尹定夏
  - 간사원: 吳政善 · 崔浚晟 · 金載汶 · 安鍾九 · 林彪
  - 편찬부장 金淇驩, 교육부장 崔錫夏, 토론부장 蔡箕斗, 운동부장 魚允斌, 교제부장 高宜煥

第一號 [隆熙 2년(1908) 2월 25일 발행]

大韓學會趣旨書

大韓學會月報發刊序 / 金淇驩

大韓學會創立序 / 金基敬

本會의原因說 / 柳承欽

祝辭

萬水必來 / 高元勳

祝辭 / 石蘇生

論壇

崇拜我大韓學會諸公 / 姜荃

相當ᄒᆞᆫ事業앤相當ᄒᆞᆫ財政을要求ᄒᆞᆷ / 李昌煥

熱辨 / 文尙宇 (前名 乃郁)

歎無學之弊 / 石蘇李東初

團合은國之要素 / 李漢卿

大呼國民的團合精神 / 朴容喜

天運과機會의素養에對ᄒᆞᆫ觀念 / 姜漢朝

自由와自由 / 朴炳哲

時代난英雄之冶爐 / 林彪

警告我日本留學生諸公 (寄書) / 京城 盧秉肅

團合은富强을産ᄒᆞ는母 / 吳政善

史譚

哥崙布傳 / 鄭錫鎔

英國과印度의關係-라 / 南宮營

學說

衛生要覽 / 李東初 譯述

經濟學要義 / 尹定夏 譯

法의本質을論ᄒᆞᆷ / 東山 蔡基斗

空氣浴說 / 豊溪生
詞林
祝大韓學會 / 豊溪生 姜荃
祝誓 / 碧人 金淇驩
謾吟 / 秋觀生 高元勳
모르네나는 / 大夢崔
題閔公血竹 / 支那湖北范念慈
傷春 / 蓮庵生 魚允斌
步原韻 / 大悟生 李承瑾
彙報
會員卒業
張氏卒業
有志來國
會錄
大韓學會發起會會錄
第一回總會
任員會會錄
任員會
臨時總會
第一回月捐諸氏
第一回義捐諸氏

第二號 [隆熙 2년(1908) 3월 25일 발행]

演壇
言一致之難 / 金淇驩
大呼破格兒 / 崔錫夏
敬告我今日留學生諸君 / 文尙宇

世界文明의來歷을論함 / 李承瑾
新舊學辨 / 朴海遠
論壇
變遷 / 石蘇 李東初
合衆國獨立所感 / 金晋庸
學海
衛生要覽(續) / 李東初 譯述
物理學의摘要 / 姜荃
經濟學要義 / 尹定夏 譯
官吏의義務 / 李昌煥
史譚
哥崙布傳 (前號續) / 鄭錫鎔
英國과印度의關係-라 (前號續) / 南宮營
雜纂
韓日兩國의近世關係 / 友古生
韓半島文化大觀 / 李東初
人生의現狀 / 編輯人
撥悶 / 朴海遠
花月有感 (寄書) / 盧秉肅
어서밧비도라오세 / 崔鳴煥
愛國歌 / 韓教興
謹輓雛田先生 幷小序
送李友復源歸國 / 秋觀 高元勳
拏山靈夢 / 吁然子
막은물 / 大夢崔
생각한대로 / 仝人
彙報

乾元祝賀
討論開會
專門討論
會員來書
總代派遣
會員歸國
第二回義捐諸氏
第二回月捐諸氏
正誤

○ 寫眞銅版
北米合衆國뉘유욕港自由神像 竝讚歌 (大夢生)
佛蘭西패릿스京大捷門 (仝人)

第三號 [隆熙 2년(1908) 4월 25일 발행]
寫眞銅版
閨秀李蓉子의「大韓學會」軸
그의손 / 大夢生
英國런돈民議院
백셩의소래 / 大夢生
演壇
能行公義者ㄴ其英雄乎 / 金淇驩
韓國將來에對ᄒᆞ야 / 梁大卿
聞海朝新聞發刊有感 / 文尙宇
世界의三大潮를論ᄒᆞᆷ / 姜荃
我韓今日은即師範時代 / 韓興教
禍福在天之說이生民暴棄之原因 / 東湖生 南基允

國家程度ㄴ必自個人之自助品行 / 洪聖淵
大聲疾呼我國民的精神 / (寄書) 金甲淳
教育의本末 / (寄書) 金正佑
宗教와國家 / 李漢卿
學海
商業簿記 / 尹定夏 編述
衛生要覽(續) / 李東初 譯述
文藝
大呼蒼天 / 高元勳
詩歌 / 友古崔
又 / 碧眉山人
教育者討伐隊 / 弘村羅生
上野春唫 / 正觀 徐丙升
나는가오 / 大夢崔
詩歌一曲和送大夢崔歸鄉 / 大笑李
雜纂
甲乙會話 / 傍聽人 友古崔
現世蠶業大勢 / 盧庭鶴
學生의勉强時間 / 崔鳴煥
正當防衛의問答 / 金湖主人
彙報
學大演說
大韓將來 / 演說 蔡基斗
青會演說
米士演說
會錄
第一回定期總會

任員會會錄

通常任員會

本會會員錄

第一回財政結算報告

第三回月捐人氏名

第三回義捐人氏名

第四號 [隆熙 2년(1908) 5월 25일 발행]

特別謄報

演壇

早婚의弊害 / 文尙宇

謹告留學生諸君 (寄書) / 南湖主人

韓國民族의經濟方策 / 友洋 崔錫夏

廣告日中市內神經患者 / 金永基

教育會諸公의게獻하노라 / 碧人에驪

論體育說 / 石蘇 李東初

人權은國權의基礎 / 警世生

原命 (寄書) / 虹溪 朴楚陽

學海

商業簿記 (續) / 尹定夏

心理學의精要 / 韓興教

實業界製紙消息 / 李豊載

史譚

彼得大帝傳 / 玩市生

金將軍聽齡小傳

英國과印度의關係 (續) / 南宮營

文苑

東渡雜詩 / 玉口生

送友人之上海序

雜錄

自由裁判의漏聞 (夢鄕筆記) / 高元勳

韓半島文化大觀 (續) / 李東初

韓國法律觀 / 友洋 崔錫夏

宇宙의大흠도合흐면一體를成흠 / 韓興教

彙報

本會運動

總代消息

會員渡海

新入會員

吳氏熱心

崔氏義學

醫學界喜消息

獎學盛事

青校日進

會員消息

畿湖來函

第四回月捐人氏名

第四回義捐人氏名

第五號 [隆熙 2년(1908) 6월 25일 발행]

寫眞銅版

雅典의大劇場

演壇

在內外흔我國現社會狀態에對하야我의所感 / 柳承欽

賀獎學社之學生親睦會發起 / 高元勳
社會的人心趨向 / 石蘇 李東初
留學의原因 / 權寧求
時代에因ᄒᆞᆫ教育 / 姜荃

學海

經濟學要義 (續) / 尹定夏 譯
哲學과科學의範圍 / 李昌煥
衛生要覽 續) / 李東初 譯述
商業簿記 (續) / 尹定夏
外國貿易論 / 盧庭鶴
呼吸生理 / 金潤英 譯

史譚

彼得大帝傳 (續) / 玩市生
金將軍聽齡小傳 (前號續)
世界大激戰 / 李承瑾
鄭評事文孚小史

文苑

春雪有感 並小序 / 渭史 姜荃
鷄林即事 / 李承漢

雜錄

某友來書 / 秋生
我農歌 (俗所謂아르렁탈영) / 于岡 崔鳴煥
有感于大夢崔之(나ᄂᆞᆫ가오)과大笑李之(잘가거라)ᄒᆞᆷ이라 / 東湖生 南基允
貪人과貪犬 / 朴允喆
公凾一束
大東來凾

都氏來函
崔氏來函
鄭氏來函
寄書
養潤義塾學徒 李蓉子
堯犬吠跖論 / 張基茂
于岡生 申鉉弼
[學海] 職分과事業의合力關係 / 豐德柳東秀
彙報
第五回月捐人氏名
第五回贊成人氏名

第六號 [隆熙 2년(1908) 7월 25일 발행]

隆熙二年夏期卒業生寫眞
報說
論說
賀卒業諸友ᄒᆞ야送歸國而尾附一言 / 柳承欽
將來의吾人義務 / 姜荃
辨淸國留學生國報所載 / 高元勳
早婚의弊害 (續) / 文尙宇
平和的戰爭 / 東山 蔡基斗
道德은爲才能之要領 / 朴海遠
重公德排虛飾論 / 姜邁
學海
各國憲法의沿革及年代參考의大略
海水의結氷 / 姜藩
家畜改良急務 / 李赫

動物界의善과惡 (譯) / 李大容
現今商業大勢 / 驢은 譯
呼吸生理 (續) / 金潤英
彼得大帝傳 (續) / 玩市生
亞里斯多德 / 李哲載
文苑
舊公舘有感 幷小序 / 姜邁
僑居偶吟 / 渭史
아해들노래 / 于岡生
雜纂
泰西文字의起源及總數
空中飛行船
水上에着用靴
米獨의淸人教育
淸國憲政運動
近日淸國留學生의入學
米國回航艦隊航程
彙報
卒業祝賀式
監督申海永氏演說
本會總代蔡基斗氏祝辭
卒業生總代崔錫夏氏答辭
留學生統計表 (本年六月來調査)
監督部揭示
大韓學會規則
隨聞隨錄
會錄

第二會定期總會
任員會錄
第二會財政結算報告
第六回贊成人氏名及金額
現金收入廣告
會員錄
第二回任員錄
書函一通
北米來函
日新來函
金氏攢訟
徐氏來函
李氏寄書

第七號 [隆熙 2년(1908) 9월 25일 발행]

演壇
泣讀本會贊成取旨書
馬港의新聲 / 米山生 金永基
早婚의弊害 (續) / 文尙宇
平和的戰爭 (續) / 東山 蔡基斗
我韓敎育界에對혼余의愚見 / 高元勳
作自警語因告學界諸公 / 淵默齋 金敬基
鑑內國同胞之思想ᄒᆞ야照外邦留學之責任이라 / 東湖 南基允
敎育方針에對혼意見 / 柳承欽
學海
選擧法의種類와及利益弊害의比較 / 編輯人
動物界의善과惡 (續) / 李大容 譯

新發明淋病治療方法 / 山上萬太氏 著
生理學의普通要用 / 李豊載
衛生要覽 (續) / 李東初 譯述
文苑
(無題) / 亡羊客에李, 尹炳喆, 李得年, 尹冀鉉, 東山生, 李承漢, 高秋生, 竹初生
雜纂
泰西事物起源의摘要
東西各國의國債現狀
片紙感人
英雄會場에快論半島文明 / 傍聽人 李承瑾
日本
日本人觀 / 尹定夏
富士登山記 / 盧庭鶴
彙報
大韓學會細則
隨聞隨錄
万壽祝賀
金氏長逝
兩氏賀賞
追吊金氏
特演大會
自助人助
青院盛況
知仲有人
因病入院
秋風病蘇

卒業生消息
會員動靜
海朝後身
佛界之光
愛我並感
克明德乎
栢悅北友
商界發行
會錄
第三回定期總會
新入會員
第三回會計決算報告

第八號 [隆熙 2년(1908) 10월 25일 발행]

恭賀繼天紀元節
恭賀千秋慶節
演壇
新來學生歡迎會所感 / 高元勳
宗教的戰爭 / 姜荃
早婚의弊害 (續) / 文尙宇
我의獨立疑를破開홈이라 / 碧广 金淇驩
膽力養成 / 劉永凞
教育方針에대혼意見 (續) / 柳承欽
學海
選擧法의種類와及利益弊害의比較 (續) / 編輯人
動物界의善과惡 (續) / 李大容 譯
新發明痳病治療方法 (續) / 山上萬太 著, 友洋生 譯

西洋倫理學要義 / 姜邁
蠶學說 / 金載汶
植民의義意 / 李漢卿
史傳
文苑
見蛛網蟬羅有感 / 麟皐生
秋感
雜纂
淸國國會準備事項 / 崔昌朝 譯
英雄會場에快論半島文明 (續) / 傍聽人 李承瑾
日本文明觀 / 友洋生
富士登山記 (續) / 盧庭鶴
政治上으로觀ᄒᆞᆫ黃白人의地位 / 韓興教 譯
彙報
歡迎新來學生會盛況 / 崔浩善 筆記
隨聞隨錄
睿候康寧
文士歡迎
新學至寶
新來歡迎
魚氏療養
只有四人
美艦來着
秋期運動
靑海四颰
東南知美
南金雙出

果則當誅
會錄
特別任員會
第四回定期總會
新入會員
特別會員
第四回會計結算報告
廣告

第九號 [隆熙 2년(1908) 11월 25일 발행]

論壇
抱兩校來函ᄒᆞ고放聲大哭
淸國의覺醒과韓國 / 東山 蔡基斗
天下大勢와韓國現狀으로敬告同胞 / 麗汀生 金振聲
我同胞가果是二千萬乎아 / 羅弘錫
韓國의 將來 / 東我 李承漢
教育方針에對ᄒᆞᆫ意見 (第七號續) / 柳承欽
形體와 精神의 關係 / 李豊載
學海
立法司法及行政의區別及意義 / 吳政善
家畜改良의急務 (第六號續) / 李赫
呼吸生理 (續) / 金潤英 譯
西洋倫理學要義 (續) / 姜邁
育兒法의 注意 / 宮里生 李揆萬 譯
文苑
日本雜感 幷序 / 姜荃
飛鳥山觀楓記 / 李重雨

讀史 / 偉汀 魚英善
偶感 / 東我生
寄大韓學會 (寄書) / 東觀生 朴憲用
仝 / 通度寺明新學校
雜纂
泰西事物起源摘要 (續)
世界海軍力比較
米紙와 韓國教育觀 / 文尙宇 譯
日本文明觀 (속) / 友洋生
日本觀 / 麟皐生
彙報
楊炳鎬氏의卒業祝賀盛況 (附大演說會況)
隨聞隨錄
恭表哀悼
美統淸帝
暫感還解
卒業歸國
運動盛況
三氏療養
望臺庶幾
瓊琚一聯
彷擬中心
會員
特別任員會
通常任員會
第五回定期總會
新入會員

特別會員

廣告

大韓協會會報

1908. 4. 25.~1909. 3. 25.(통권 12호). 매월 25일 발행.

* 편집 겸 발행인: 洪弼周
* 인쇄소: 日韓印刷株式會社(1~4호) · 右文舘(5~6호, 8~12호) · 普文社(7호), 漢城
* 발간단체: 大韓協會(1907. 11. 창설)
  - 발기인: 權東鎭 · 南宮濬 · 呂炳鉉 · 柳瑾 · 李宇榮 · 吳世昌 · 尹孝定 · 張志淵 · 鄭雲復 · 洪弼周
  - 회　장: 南宮檍
  - 부회장: 吳世昌
  - 교육부장: 呂炳鉉
  - 총　무: 尹孝定
  - 평의원: 鄭雲復 · 權東鎭 · 柳瑾 · 張志淵 · 太明軾 · 鄭喬 · 玄櫽 · 洪弼周 · 南宮濬 · 李鍾一 · 李宇榮 · 沈宜性 · 李秉昊 · 金明濬 · 張基濂 · 李範壽 · 韓基準 · 崔在學 · 崔岡 · 李敏卿
  - 贊議員: 池錫永 · 金重煥 · 鄭鳳時 · 李範世 · 方漢德 · 李舜夏 · 李建鎬 · 尹性普 · 吳普永 · 卞鍾獻
  - 간사원: 金英圭 · 韓鎭忠 · 吳周爀 · 李用基 · 陸相弼
  - 회　계: 南宮濬
  - 서　기: 申昌休

第一卷第一號 (每十號爲一卷) [隆熙 2년(1908) 4월 25일 발행]

大韓協會取旨書

祝辭 / 南宮檍, 吳世昌, 尹孝定, 呂炳鉉, 洪弼周, 張志淵, 玄檃, 李宇榮, 鄭喬, 沈宜性, 劉元杓, 申昌休, 元泳義, 李輔相, 雲養 金允植, 大垣丈夫, 權東鎭

論說部

大韓의希望 / 申寀浩

失敗者ㄴ卽勝利論 / 沈宜性

教育部

精神教育의實力 / 沈宜性

實業部

殖産論 / 金明濬

政治部

政黨의事業은國民責任 / 松堂 金成喜

法律部

斯賓塞論日本憲法語

民法總論 / 趙琬九 述

地誌歷史部

大韓地誌 / 玄檃

大韓歷史 / 仝

本會歷史及決議案

言壇

演說第一回總會時 - 大韓協會의 本領 / 尹孝定

內地彙報

海外記事

官報抄錄(隆熙二年一月爲始)

小說

動物談 / 梁啓超著

會員名簿

本會任員

支會任員

第一卷第二號 [隆熙 2년(1908) 5월 25일 발행]

論說

思想과能力의相須 / 南宮檍

歷史와愛國心의關係 / 申采浩

人民의共同的責任 / 元泳義

我韓에前途 / 李允榮

教育

義務教育의必要 / 呂炳鉉

論國文 / 李鍾一

實業

輸出入의關係 / 李鍾一

本年貿易概況

金融機關

生利分利의別論 / 英 李提摩太 著, 淸 蔡爾康 譯錄, 韓 李鐘濬 重譯

政治

政黨의事業은國民의責任 (前號續) / 金成喜

氷集節略 / 洪弼周 譯

變法通儀序 / 飮氷子

法律

法律의必要 / 石鎭衡

民法總論 (續) / 趙琬九 述

官吏의民事責任 / 金陵居士
地誌歷史
大韓地誌 / 玄檃
大韓歷史 / 同人
大韓三十年外交略史 / 雲溪生
文藝
詞藻 / 秋聲子輯
踏雪(五絶) / 山雲 李亮淵
詠懷(五絶) / 會員 蔡基顯
歎時(六絶) / 虞裳 李彦瑱
同題(六絶) / 同人
書懷(七律) / 淸國女史 呂碧城
庚子書懷 / 呂氏姊 惠如
塞上曲 / 呂氏姊 淸揚
官報抄錄
國有森林山野部分林規則 農商工部令第六十三號 (隆熙二年三月五日)
內地彙報
外國情形
寄書
祝辭 / 吳尙俊
雜俎
大韓協會徽章說 / 吳世昌
大韓協會徽章贊 / 池錫永
大韓協會徽章說 / 洪弼周
英雄을求ᄒᆞᄂᆞᆫ者-困窮ᄒᆞᆫ人을崇拜ᄒᆞ라 / 沈宜性
世界譚屑 / 盱衡子

隨感隨筆 / 觀瀾子
百何必 / 訥言子
本會歷史
會中記事
言壇－時局의急務 / 尹孝定
本會規則政正
本會細則中改正件
本會評議會規則中添入件
大韓協會教育部規則
大韓協會分支會設立規程
會員名簿
廣告

第一卷第三號 [隆熙 2년(1908) 6월 25일 발행]

論說
社會調和 / 南宮檍
歷史와愛國心의關係 (續) / 申采浩
教育
學人不學人의關係 / 白星煥
學校總論 / 洪弼周譯
世界列强의教育實況調查表 / 旴初子
實業
輸出入增減之原因 / 李鍾一
國庫借金과新財源 / 市隱生
麥稈作業과我國人農業 / 天一子
政治
政黨의責任 / 金成喜

政黨論 / 安國善
政體槩論 / 元泳義
法律
憲法緖言 / 薛泰熙述
裁判審級의制度 / 漢上樵子
國家의民事責任 / 金陵居士
地誌歷史
大韓地誌 / 玄檃
大韓歷史 / 同人
大韓三十年外交畧史(續) / 雲溪生
文藝
詞藻 / 秋聲子輯
病松(五絶) / 亨齋 李稷
田家詞(五絶) / 山雲 李亮淵
詠蘭(五絶) / 仝人
滿月臺懷古(五絶) / 仝人
漁詞 / 李鍾麟
莫食苗(歌謠) / 耳溪 洪良浩
北方蚊(歌謠) / 仝人
閨情(七絶) / 蘭雪軒 許氏
閨恨 / 仝人
又
述懷 / 申圭植
石上矮松(七律) / 孤雲 崔致遠
杜鵑(仝) / 仝人
送自强子 / 申圭植
逢大韓子 / 仝人

寄書

　大韓協會會報祝辭 / 薛泰熙

官報抄錄

　農商工部森林部令

內地彙報

　時事一叢

外國情形

雜俎

　競爭ᄒᆞᄂᆞᆫ三大力의餘裕ᄒᆞᆫ關係 / 沈宜性

　隨感隨筆 / 塔園散士

本會歷史

　會中記事

言壇

　政黨得失 / 鄭喬

會員名簿

廣告

第一卷第四號 [隆熙 2년(1908) 7월 25일 발행]

論說

　告靑年諸君 / 吳世昌

　誠力과功業 / 申宋浩

　各觀察使에대ᄒᆞᆫ觀念 / 李鍾一

　腐儒 / 金甲淳

敎育

　我國學界의風潮 / 呂炳鉉

　新舊學의關係 / 李鍾麟

　學校總論 / 洪弼周譯

實業
會社의種類 / 安國善
國家之寶 / 金光濟
養兎法 / 李相稷
政治
國民的內治國民的外交 / 金成喜
法律
法律槩論 / 元泳義
民法과商法 / 安國善
地誌歷史
大韓地誌 / 玄檃
大韓歷史 / 仝人
大韓三十年外交畧史(續) / 雲溪生
文藝
詞藻 / 秋聲子輯
過善竹橋(五絶) / 復菴 李偰
燈蛾 / 失名
即事 / 申昌休
撥悶 / 同人
述懷 / 蔡章默
懷人(六絶) / 李鍾麟
其二 / 同人
有感(古意) / 申圭植
懷人 / 同人
和 / 李鍾麟
寄書
祝辭 / 晉州會員 姜台熙

官報抄錄
勅令第三十一號 (六月十一日) 憲兵補助員募集에關흔件
勅令第三十五號 郡守任用令 (六月十八日)
法律十號 地稅에關흔件 (六月二十五日)
勅令四十號 (六月二十五日) 驛屯土管理에關흔件
勅令四十一號 (六月二十六日) 葉錢通用價格의關흔件
內地彙報
時事一叢
雙行冷評
外國情形
雜組
隨感隨筆 / 塔園散士
一力不足흔他二力의關係 / 沈宜性
權利는國民의當行義할義務 / 李相稷
世人의來歷 / 盱初子
本會歷史
會中記事
敎育部狀況
支會會錄節畧
言壇
政黨의得失(續) / 鄭喬
全州會錄中言壇－國民前途如何 / 曹秉糯
本會維持方針 / 鄭碩謨
會員名簿
廣告

第一卷第五號 [隆熙 2년(1908) 7[8]월 25일 발행]

論說

對照的의觀念 / 吳世昌

本會之行動如何 / 大韓子

大我와小我 / 申采浩

誤人者來日 / 李鐘麟

教育

格致學의功用 / 呂炳鉉

學校總論 / 洪弼周 譯

實業

實業精神의如何 / 權東鎭

果木培養法 / 大韓子

政治

政治家 / 安國善

政治의進化 / 元泳義

法律

法律이斯世에施行되ᄂ理由 / 卞悳淵

憲法 (第三號續) / 薛泰熙

地誌歷史

地誌 / 玄檃

歷史 / 仝人

大韓三十年外交史 (續) / 雲溪生

文藝

詞藻 / 秋聲子輯

楓岳(五絶) / 獨谷 成石磷

囉嗊曲 / 眞逸齋 成侃

睡起 / 四佳 徐居正

磵松 / 會員 申圭植
自詠(七絶) / 三峯 鄭道傳
松山 / 春亭 卞仲良
從軍 / 朴將軍 撝謙
路上柳 / 會員 李鍾麟
送申太守之黃磵 / 會員 蔡章默
寄書
祝辭 / 姜台熙 (※목차에만 있고 본문에는 없음)
官報抄錄
勅令第四十七號 土地家屋所有權証明規則 (七月十六日)
法律二十號 民事訴訟期限規則 (七月二十三日)
度支部令二十七號 驛屯土管理規程 (七月二十九日)
度支部令二十八號
內地彙報
外國情形
雜俎
隨感隨筆 / 塔園散士
陰陽曆의功用 / 大韓子
老不可不學 / 李喆承
邦國의區別 / 大韓子
郵便換錢要領
本會歷史
會中記事
大韓協會實業部規則
會員名簿
廣告

第一卷第六號 [隆熙 2년(1908) 9월 25일 발행]

論說

我國有識者의日本觀에對ᄒᆞᆫ感念 / 金嘉鎭

革四合一 / 洪弼周

國精神 / 李鍾麟

土地와國家人民의關係 / 大韓子

教育部

格致學의功用 (續) / 呂炳鉉

學校總論 (續) / 洪弼周 譯述

家族教育이全國民族團體의機關 / 金愼圭

實業

商業發達의要素 / 權東鎭述

果木의利와培養法 (續) / 中岳散人

政治

監督機關說 (續四號) / 金成喜譯述

古代의政治學과近世의政治學 / 安國善

法律

人民은法律을解釋ᄒᆞᆯ必要가有ᄒᆞᆷ / 卞悳淵

憲法 (續) / 薛泰熙

歷史地誌

歷史 / 玄檃

地誌 / 仝人

大韓三十年外交史 (續) / 雲溪生

文藝

詞藻 / 秋聲子輯

題畫扇(五絶) 風月亭 月山大君

園竹 / 會員 申圭植

投擇之求和(五古) / 挹翠軒

讀宋史(七絕) / 錦南 崔溥

流民歎(七古) / 浪仙魚無迹

鬪狗行 / 石洲 權韠

會蘇曲 / 佔畢齋 金宗直

官報抄錄

法部令四十號 (七月二十五日) 土地家屋所有權證明規則施行細則

法律第二十二號 東洋拓殖株式會社法

內地彙報

外國情形

雜俎

眞志士 / 桂奉瑀

隨感隨筆 / 塔園散士

本會歷史

本會記事附政府質問顚末

支會會錄節略

言壇

六派의習慣을劈破然後에可以自保 / 湖南支會視察員 金光濟

會員名簿

廣告

第一卷第七號 [隆熙 2년(1908) 10월 25일 발행]

論說

政府當局者의猛省을再警흠 / 大韓子

今日吾人 / 李鍾浩

憂變而不變則殆 / 李鍾麟

教育

格致學의功用 (續) / 呂炳鉉

教育問題 / 蘆浪居士

實業

商業의發達 (續) / 權東鎭 述

生利分利의別 (續) / 李鍾濬 重譯

農業概要 / 中皐樵父

果木培養法 (續) / 仝人

經濟界 / 金光濟

政治

政治의進化 (第五號續) / 元泳義

政府의性質 / 安國善

國民과政治의關係 / 卞悳淵

法律

法律을不可不學 / 中岳山人

歷史地誌

歷史 / 玄檃

地誌 / 仝人

大韓三十年外交史 (續) / 雲溪生

文藝

詞藻

述樂府辭(五絶) / 乖崕 金守溫

伯牙 / 高原尉 申沆

谷蘭 / 會員 申圭植

秋江即事 / 會員 李鍾麟

老將詩(七絶) / 朴將軍 撝謙

尋花古寺 / 風月亭 月山大君

馬島舟中 / 仝人

塞下曲 / 又蓮 李鍾麟
柳絮 / 會員 李容宰
溪上桃 / 阮石 柳芝秀
秋夜謾吟 / 蓉坡 李斗鉉
次仲氏高原望高臺韵(四律) / 蘭雪軒 許氏
咏憚 / 東農 金嘉鎭
官報抄錄
東洋拓殖會社定款認可件
內地彙報
外國情形
雜俎
東洋拓殖會社營業에關ᄒᆞᆫ日本大藏省說明書
本會歷史
會中記事
支會會錄節畧
本會歷史
大韓協會法律部規則
言壇
明倫堂의本領과本支會의取旨 / 抱川郡支會總務 朴喜寅
會員名簿
廣告

第一卷第八號 [隆熙 2년(1908) 11월 25일 발행]

本會第一周紀念式祝辭
祝辭 / 李沂
論說
人太陽 / 洪弼周

論外交上經驗的歷史 / 金成喜
有奈何三字喚醒十三道同胞 / 會員 尹商鉉
教育
新學問의不可不修 / 呂炳鉉
冰集節略 (續) / 洪弼周 述
地球學說 / 天然子 述
實業
商業發達의時期 (續) / 權東鎭 述
農業概要 (續) / 中皐樵父 述
政治部
政治의進化 (六號續) / 元泳義
政府의性質 (續) / 安國善
自治의義意를槩論흠 / 會員 鄭達永
歷史地誌
歷史 (續) / 玄檃
大韓三十年外交史 (續) / 雲溪生
地誌
世界의最高山 / 李鍾麟
文藝
詞藻 / 秋聲子 輯
題畫猿 / 長吟亭 羅湜
墜馬調療有感 / 東農 金嘉鎭
秋夜卽事 / 凰山 李鍾麟
秋夜懷友 / 晥觀 申圭植
西樓 / 凰山 李鍾麟
浮海自咏 / 南嵩山人 張志淵
述懷 / 濂齋 尹泰翼

梳 / 無名氏
寄良人 / 楊蓬萊妾
閨怨 / 仝人
寧越道中 / 趙瑗妾 李氏
憂息曲 / 佔畢齋 金宗直
鵶述嶺 / 仝人
遊日光山記 / 雲養 金允植
官報抄錄
私立學校令
私立學校補助規程
內地彙報
外國情形
雜俎
寄書 / 黃道周
自由之失原因於奴婢 / 李舜夏
本會歷史
會中記事
大韓協會財務部規則
大韓協會地方部規則
支會會錄節略
會員名簿
廣告

第一卷第九號 [隆熙 2년(1908) 12월 25일 발행]

論說
政黨與政黨互監督論 / 金成喜
警告 / 張志淵

政界에對ᄒᆞᆫ管見 / 尹商鉉
我ᄂᆞᆫ願學招眠述 / 李喆柱
教育
國民自存性의培養 / 呂炳鉉
論師範 氷集節略 / 洪弼周 譯
實業
商業經濟의要素 (續) / 權東鎭
農業概要 (續) / 中皐樵父 述
菜蔬培養法
政治
政治의進化 (六號續) / 元泳義
地方自治制度問答 / 金陵生
法律
民法總論 (二號續) / 李鍾麟 述
歷史地誌
歷史 (續) / 玄檃
大韓三十年外交史 (續) / 雲溪生
地誌 (續) / 玄檃
世界의海 / 李鍾麟 述
文藝
詞藻
嗚呼島吊田横 / 三峯鄭道傳
遣悶 / 會員 許〇
雨中訪虎邱 / 南嵩山人
泊長崎 / 仝人
高山驛 / 白湖林 悌
關王廟 / 夏園 鄭芝潤

無題 / 東城 樵夫

柳

帝都風物 / 金海會長 曹旼承

陽山歌 / 佔畢齋 金宗直

黃昌郎 / 仝人

官報抄錄

勅令第二十八號 民事訴訟費用細則

內地彙報

外國情形

雜俎

大韓山林協會設立 (※목차에는 '山林協會取旨及細則節略'이라고 되어 있음)

錢譜 / 白蓮居士

人의思想과時의變遷 / 蜜啞子

平壤郡磁器製造株式會社贊成文 / 李鍾濬

會中歷史

本會記事

支會會錄節略

言壇

我會의本領 十二月通常會 / 尹孝定

會員名簿

廣告

第一卷第十號 [隆熙 3년(1909) 1월 25일 발행]

論說

一月一日敬告同胞 / 金成喜

自由聲 / 尹商鉉

教科書檢定에關흔忠告 / 崇陽山人

我韓에 前途 / 李允榮 (※본문에만 있고 목차에는 없음)
世界明動은三力을併合
和平과安樂의原由 / 金光濟
教育
學界狀況 / 李鍾麟
論幼學 冰集節界 (續) / 洪弼周 述
實業
商務의槪念 (續) / 權東鎭述
業農概要 (續) / 中皐樵父
菜蔬培養法 (續) (※본문에만 있고 목차에는 없음)
生利分利의別 (續) / 李鍾濬 譯
政治
政治의進化 (續) / 元泳義
地方自治制度問答 / 金陵生
法律
正當防衛權을許ᄒᆞᆫ理由와其許ᄒᆞᄂᆞᆫ範圍 / 鄭達永
民法總論 (續) / 李容宰 譯
歷史地誌
歷史 (續) / 玄檃
大韓三十年外交史 (續) / 雲溪生
地誌 (續) / 玄檃
世界之江河 / 李鍾麟 述
文藝
詞藻 / 秋聲子 輯
聞鵑有感 / 金嘉鎭
遣悶 / 許○
撥悶登蚕頭 / 白蓮居士 池雲永

日本道中所見(六言) / 滄起 李彦瑱
贈選悉齋 吉〇蓮尋邃(七絶) / 仝人
壹陽舟中念惠寶老師言(七古) / 仝人
除夕 / 東農 金嘉鎭
雪中松歌(日皇御題) / 仝人
四禽言 / 柳溪生
老將 / 李鍾麟
秋日東湖渡口 / 友石 李碩年
書懷 / 仝人
憂時 / 阮石 柳芝秀
孤憤 / 平壤詩妓 芙蓉
暮春 / 平壤詩妓 竹香
官報抄錄
三年度豫算概要
內地彙報
外國情形
雜俎
寄書
答敬求志士同情 / 李象羲
漢城府民會刱立理由書
會中歷史
本會記事
支會會錄節略
會員名簿
廣告

第二卷第一號 [隆熙 3년(1909) 2월 25일 발행]

論說

五發 / 李鍾麟

讀無名氏英雄傳 / 嵩陽山人(張志淵)

敬告國民 (政治觀念) / 松堂 金成喜

教育

學界之不振이在不用其人 / 李鍾麟

語學의性質 / 圓石散人

論幼學 冰集節界 (續) / 洪弼周 譯

實業

商務의要件 (續) / 權東鎭 述

農業概要 (續) / 中皐樵父

菜蔬培養法 (※본문에만 있고 목차에는 없음)

我韓의富力 / 仝人

政治

政府의性質 (續) / 安國善

政治의進化 (續) / 元泳義

地方自治制度問答 / 金陵生

法律

民法總論 (續) / 李鍾麟 述

歷史地誌

歷史 / 玄檃

大韓三十年外交史 / 雲溪生

地誌 / 玄檃

文藝

詞藻 / 秋聲子 輯

送韓會視察金光濟 / 會員 鄭碩謨

待家書 (現住美國) / 青年人 朴容萬
逢友人旋別 (在美國) / 仝人
六言 / 蓀谷李達
過象王山聞鍾有感 / 凰山 李鍾麟
春梅 / 東農 金嘉鎭
盆梅 / 心齋 李道宰
又 / 仝人
又 / 凰山
又 / 東農
春眠曲 / 凰山居士
官報抄錄
法律第二十九号 漁業法
內地彙報
外國情形
會中歷史
本會記事
支會會錄節略
言壇
僭邪와正論 / 尹孝定
政府의責任 / 權東鎭
團體的行動 / 金光濟
輿論의 價值 / 鄭雲復
會員名簿
廣告

第二卷第二號 [隆熙 3년(1909) 3월 25일 발행]

論說

眞政黨與非政黨論 / 松堂 金成喜
衆力 / 李喆柱
大丈夫 / 李鐘麟
國과髮의輕重 / 尹商鉉
教育
兵士教育의緊要 / 呂炳鉉
教育普及에對ᄒᆞ야發展의方法을先究흠 / 嵩陽山人
實業
商業의要務 (續) / 權東鎮 述
農業概要 (續) / 中皐樵父
政治
政治의進化 (續) / 元泳義
政府의性質 (續) / 安國善
國民十大元氣 (氷集節略) / 洪弼周 述
法律
民法總論 (續) / 李鍾麟 述
債權法 總論 / 仝人 述
歷史地誌
歷史 (續) / 玄檃
大韓三十年外交史 (續) / 雲溪生
地誌 / 玄檃
文藝部
詞藻 / 秋聲子 輯
憤笛 / 雪峯 池運永
泊長崎港 / 留學生 朴廷秀
橫須賀觀(鎮遠艦)支那戰獲物
解窮 / 雪峯

猛虎行 / 柳溪 洪熙春
偶題 / 仝人
感遇 / 仝人
棄兒歌 / 少巖生 金善鎭
古長安行 / 石洲 權韠
述懷 / 風漢子
求詩 / 蓬萊僧
海南訪玉峯 / 釋行思
寂滅菴 / 釋慶雲
官報抄錄
寄附金品募集取締規則
內地彙報
外國情形
雜組
一進會와 大韓協會 / 朝鮮雜誌譯載
大韓協會頌並小序 / 洪熙春
蒼蒼氏傳 / 逌然堂主人
會中歷史
本會記事
支會會錄節略
言壇
輿論을無視흔結果 (國民演說) / 趙琬九
一心丹이活我同胞之無上良藥 / 龜城 金秉祚
會員名簿
廣告

西北學會月報

1908. 6. 1.~1910. 1. 1.(통권 19호). 매월 1일 발행.

* 주필: 朴殷植
* 편집 겸 발행인: 金達河
* 인쇄소: 普成社, 漢城
* 발간단체: 西北學會(1908. 1. 漢北學會와 합동 조직으로 창설)
  - 임시의장: 李東輝(공식 창립 때까지)
  - 회 장: 鄭雲復
  - 부회장: 姜玧熙
  - 총 무: 金達河

第一卷第一號 [隆熙 2년(1908) 6월 1일 발행]

論說

　賀吾同門諸友

教育部

　教育方法必隨其國程度 / 松南春夢 金源極

　林政爲富國之機關 / 柏軒 羅錫璂

衛生部

　男女及小兒衛生의最要注意 / 會員 李奎濚

牡蠣養殖法 / 日本 塚本道遠 著, 宋榮泰 譯

國家의概念 (續)－國體及政體

雜俎

　大韓帝國의價値 / 金炳億

　國漢文論 / 李承喬

　進步者生民之基礎 / 栢軒生

　我韓의最急이法律에在흠 / 韓文彦

　今日吾人의國家에對흔義務及權利 / 金翼瑢

詞藻

　漢城卽事 / 松南生

　和松南詩有感 / 于岡生

人物考

　休靜大師傳 附惟政 靈圭

會報

會計員報告

附則

　法令摘要

　　勅令第十六號 (續)

第一卷第二號 [隆熙 2년(1908) 7월 1일 발행]

論說

對客問 / 謙谷散人

西北學會歷史

教育部

實業獎勵爲今日急務 / 松南春夢 金源極

普成學校의林業科 / 山雲散人

衛生部

衛生譚片 / 簡齋生

雜俎

送松南金君東遊日本 / 于岡生

時世가造英雄 / 本校學生 朴漢榮

各國國力比較

世界大學校中學生二千人以上을有ᄒᆞᆫ者를擧ᄒᆞ면左와如ᄒᆷ

留學生聯合親睦會에必要 / 會員 羅錫璂

世界最小民主國 / 飮氷室談叢, 一吁生譯述

呵旁觀者文 / 飮氷室主人稿, 東一子譯述

詞藻

哭林圭永君 / 雪城溫叟

人物考

李之蘭傳

會事要錄

會計員報告

附則

法令摘要

法律第五號 (續) 銃砲及火藥類團束法

告示

內部告示 新聞紙에關ᄒᆞᆫ諸請願及申告書式

第一卷第三號 [隆熙 2년(1908) 8월 1일 발행]

論說

對童子論史 / 栩然子

教育部

敬告我平南紳士同胞 / 東京遊客 松南春夢 金源極

警告關北一路 / 朴漢榮

衛生部

失氣及假死의救急法 / 簡齋生

雜俎

警察問答 / 會員 張啓澤

學生의職分과義務 / 會員 朱東瀚

各國國力比較 前號續

各國國力比較 其三(財政)

各國主權者의歲費

各國의面積及人口

芙蘭具麟歷史

農業이令人愛國

幼年의模範

勉張龜洙君

詞藻

祝西北學會韵 / 松南春夢生

同 / 牧丹山人

人物考

鄭鳳壽傳

會事要錄

會計員報告
附則
法令摘要
勅令第二十六號 陸軍服裝制式

第一卷第四號 [隆熙 2년(1908) 9월 1일 발행]

論說
告爲人父兄者 / 謙谷生
教育部
祝十一學士 / 東京遊客 金源極
懽迎出瀛留學生諸君渡國 / 于岡生
教育勸奬이如植木培養 / 會員 李聖基
衛生部
失氣及假死의救急法 (前號續) / 簡齋生
農業의改良 / 耕世生
雜俎
農立國에基址가尤固 / 野隱生譯
民俗의大關鍵 / 劉元杓
男女學生의早婚을宜戒 / 會員 柳景馥
我國의富
植物學의概要 - 葉
詞藻
畵題二則 / 謙谷
別紅友叙懷 / 于岡
人物考
朴大德傳
會事要錄

會計員報告

官報摘要

誕辰及紀念慶節月日을陽曆으로左갗치定홈이라

森林法

部令

農商工部令第六十三號 國有森林山野部分林規則

第一卷第五號 [隆熙 2년(1908) 10월 1일 발행]

論說

肅川郡葛山洞農會設立에對ᄒᆞ야百拜祝賀홈

教育部

敬告我平北諸友 / 石井居士

衛生部

植物論及防腐法 / 會員 金基雄

民業振興의私見 / 耕世生

雜俎

警告我遊學生諸君 / 會員 桂奉瑀

祝賀農林學校 / 劉汶鍾

人物考

韓禹臣傳

謹於微와無我라ᄂᆞᆫ演論 / 謙谷

會事記要

會計員報告

官報摘要

勅令第六十二號 私立學校令

學部訓令第二號

學部令第三號

部令

學部令第十四號 私立學校補助規程

學部令第十五號 公私立學校認定에關ᄒᆞᆫ規定

學部令第十六號 教科用圖書檢定規程

告示

學部告示第六號 私立學校學則記載例

第一卷第六號 [隆熙 2년(1908) 11월 1일 발행]

別報

森林法에對ᄒᆞᆫ議案

教育部

祝賀大成學校 / 謙谷

告我海西同胞 / 東京遊客 金源極

衛生部

呼吸生理의概要

雜俎

植物學大要 前四號續

祝賀西北學報 / 穩城 崔齊崗

不可無一言 / 會員 羅錫璂

江西命新學校趣旨如左 / 李禧濤

人物考

執庵黃順承傳

會事記要

會計員報告

官報摘要

部令

農商工部令第六十三號 (續)

勅令

勅令第二十四號 國有森林山野及產物處分規則

勅令第二十五號 國有森林山野處分審查會規則

法律

東洋拓殖株式會社法

東洋拓殖株式會社營業說明

第一卷第七號 [隆熙 2년(1908) 12월 1일 발행]

論說

孰能求吾國者며孰能活吾衆者오實業學家가是로다 / 謙谷

教育部

教育學의區分

國民學과物質學 / 白南散人

美國의工學

實地教育이學界上必要 / 李承喬

衛生部

換氣의必要 / 簡齋生

雜俎

植物學大要 前號續

世界의蒸氣力

米國人마-덴翁의處世座右銘

商業地理學(商業界) / 尹定夏

大韓商業地理

人物考

金方慶傳

會事記要

會計員報告

私立學校令에理由說明(學部次官俵孫一)
官報摘要
　農商工部令第六十五號 森林法施行細則

第一卷第八號 [隆熙 3년(1909) 1월 1일 발행]
論說
　物質改良論
教育部
　精神教育
衛生部
　人의生活上必要條件 / 會員 朴鳳憲
國家論의槪要 / 鮮于鎬
大韓商業地理(二) / 尹定夏
文苑
　雪中牧丹花 / 尹秉憲, 劉漢烈, 申永煥, 趙汶元
雜俎
　柞蠶實驗論－가닥나무누에 / 全載億
　送友人梁東衡東遊日本 / 于岡生
　送東初游學日에勸告以忍耐勞苦로爲良師 / 栢軒生
　祝賀西北學會 / 會員 金秉祚
　法律과道德의差異 / 浿上少年
　修身倫理模範履行八字를進呈于被教育者諸君 / 徐炳玹
　民族主義論 / 栢軒 羅錫琪
　德性이無ᄒ면健康과智能이暴戾와奸惡을助ᄒᆷ / 會員 羅錫琪
　新學과舊學의區別 / 究新子
　國家와社會의關係 / 溯考生
　對漁樵者說 / 金陵散人

進學의要路 / 大明學瀾
詞藻
別東遊諸益 / 干岡散人
書憤 / 上仝
會事記要
會員消息
西北學會地方支會
會計員報告
官報摘要
農商工部令第六十五號(森林法) 續
特別謄載－私立學校認可請願書式 學部印刊

第一卷第九號 [隆熙 3년(1909) 2월 1일 발행]

本會第一回紀念祝辭
祝辭 / 靑隱生
本會第一回紀念祝辭 / 台材生 河映奎
教育部
學課의要說
衛生部
衛生에關흔生理上研究 / 簡齋生
國家論의槪要 (續) / 鮮于鎬
雜俎
高句麗永樂太王墓碑文 / 長白榮禧筱峯甫輯
讀高句麗永樂大王墓碑謄本 / 編者識
高句麗永樂大王墓碑發見흔事實 / 日本世界雜志編者識
高句麗永樂大王墓碑讕言 / 長白榮禧筱峯甫識於庤广
廣開土王의伐燕拓地史論

警告海西父老 / 會員 河暎奎
致富格言
現世界文明은石炭과鐵의力
殖産興業爲生活方針 / 朴漢欽
柞蠶實驗論 前號續
蜂國의文明觀
愚痴ᄒᆞᆫ人生
詞藻
人物考
羅彦述傳(金川人)
會事記要
學員消息
會員消息
正誤
卒業生의氏名이如左ᄒᆞᆷ
羅門義學
明校義捐
會計員報告
官報摘要
農商工部令第六十五號(森林法) 完

第一卷第十號 [隆熙 3년(1909) 3월 1일 발행]

論說
告我學生諸君
教育部
地理科 前號續
衛生部

衛生에關흔生理上硏究－眼의調節機能 / 簡齋生
儒敎求新論 / 謙谷生
心學講演所設置 趣旨書
雜俎
讀少年雜誌
答羅錫璂勸勉書 / 游學生 韓光鎬
鐵山의鄭과龍岡의金을對흐야特別勸告흠
讀美國女傑枇茶小史
植物學의大要－植物界의發達
我國歲時風俗記
論毅力 / 氷集譯述
雪中訪友 / 栢軒
詞藻
夢中得句有感 / 覺非子
古人詩歌 / 少年子輯
人物考
金景瑞將軍傳
會事記要
會計員報告

第一卷第十一號 [隆熙 3년(1909) 4월 1일 발행]

論說
讀華盛頓座右銘
敎育部
諸學釋名 節要
衛生部
人의生活上必要條件 (第一卷第八號續) / 會員 朴鳳憲

國家論의槪要 九號續
文苑
敬告儒林諸君子 / 湖上愚夫
雜俎
倫理叢話
論毅力 / 氷集譯述續
勞働의意義
自主獨行은衛人의本色 / 在日本東初韓光鎬
國家의藥山 / 會員 盧義瑞
江梅新開 / 李禧濤
柞蠶實驗論 (續)
農方要論 / 竹圃生
詞藻 / 李虞裳
人物考
崔孝一傳
會事記要
龜城郡支會任員氏名
价川郡支會任員氏名
改正
會計員報告
學部訓飭 謄載

第一卷第十二號 [隆熙 3년(1909) 5월 1일 발행]

祝辭
本校第二回卒業式의祝辭 / 謙谷
教育部
康南海의教育大綱

衛生部
神經의生理的區別 / 簡齋生
國家論의槪要 續
雜俎
樹木栽培說 / 在日本留學梁東衡
籍田親耕頌祝辭 / 會員 盧義瑞
倫理叢話 續
退溪先生의學이行于日本者久矣
喜車君豐鎬游學日에實業注意 / 于岡生
敬告我龍岡同胞 / 栢軒生
儒敎求新論에對ᄒᆞ야儒林界에贊否를望ᄒᆞᆷ / 日本留 韓光鎬
金君益三游學日告以克勤二字 / 盧義瑞
寄金聲煜書 / 栢軒 羅錫璂
芙蘭具麟의座右銘
經濟學大綱
詞藻－詠史八首
人物考
丁卯義士事略
會事記要
感賀義捐
前贊政洪淳馨氏公函
本校第二回卒業成績
本校卒業式에對ᄒᆞ야諸氏의賞品寄付
學界消息
正誤
會計員報告
官報摘要

出版法 (隆熙三年二月二十三日 法律第六號)

第一卷第十三號 [隆熙 3년(1909) 6월 1일 발행]

論說
賀利原遮湖父老
教育部
家庭教育의特質 / 教育精義譯述
讀曾文正國藩氏日課 / 朴殷植識
衛生部
遠近視及亂視眼의適合훈眼鏡 / 簡齋生
國家論의概要 續
樹木栽培說 續
雜俎
皇統一覽
輪講好況
乙支公山
我韓人의思想界를論홈 / 友洋生
經濟學大綱 (前號續)
祝賀西北學會 / 龍岡 金龍卨
我國歲時風俗記 續
各國兵艦比較
世界新發明의歷史
世界一覽表
工業大意 / H生
電氣大王애듸손의少年歷史 / 少年子
悼金君錫萬 / 舊雨 李達元
寄龍岡郡守梁柱謙書 / 栢軒 羅錫璂

人物考

林仲樑傳

詞藻

啾啾吟 / 陽明

會事記要

近衛隊副參校韋京燮氏等十二人이本會에對ᄒᆞ야俸給中每朔出捐ᄒᆞ기로敬告文과本會에公函ᄒᆞᆫ 全文如左

定州郡會員朴泰翼氏가義捐ᄒᆞᆫ公函全文이如左ᄒᆞ니

吉州郡支會任員氏名

龜城郡支會報明

金川支校長改選

學界消息

正誤

廣告

特別廣告

會計員報告

官報摘要

民籍法執行心得 (隆熙三年三月二十日 內部訓令第三九號)

第一卷第十四號 [隆熙 3년(1909) 7월 1일 발행]

論說

我西北教育界에缺憾

教育部

精神教育

衛生部

我韓不衛生的家屋觀 / 盧基崇

國家論의槪要 前號續

憲法上八大自由에就ᄒᆞ야 / 法學少年
自信力의偉大ᄒᆞᆫ效果 / 米國마－덴
雜俎
我韓은公平ᄒᆞᆫ輿論을要ᄒᆞᆷ / 友洋生
栗谷先生自警文
高句麗詩史 / 皇城子
朱之瑜小史
我國歲時風俗記 續
工業大意 續
學問硏究의要路 / 竹圃生
永興의三學校聯合에對ᄒᆞ야 / 沛東少年
森林의效用論 / 耕世生
果樹園을創設ᄒᆞᆷ / 金鎭初
人物考
金時習先生傳
詞藻
詠史九首 / 吉田松陰
會事記要
各地方學事視察委員報明
學界好況
正誤
會計員報告

第一卷第十五號 [隆熙 3년(1909) 8월 1일 발행]

西北學會規則
論說
柞蠶營業에對ᄒᆞ야勸告我地方同胞

教育部
誠謹二字로 贈學生諸君
取友說로 申勉我學生諸君
皇后陛下親蠶成績에對ᄒᆞ야區區感淚로桑業栽培法을譯ᄒᆞ야同胞
의게勸勉흠 / 蠶業科生 梁東衡
桑樹栽培法譯 (※본문에만 있고 목차에는 없음)
本會第一回紀念式祝辭－是日夜에懷過去而說將來 / 反求室主人
世界將來에空中生活과空中戰爭 / 皇城子
我國現在의果樹改良 / 金鎭初
体育이國家에對ᄒᆞᆫ效力 / 會員 李鍾滿
論英國人之推崇孔子 / 遠東報照謄
憲法上八大自由에就ᄒᆞ야 (續) / 法學少年
雜俎
國民的主義 / 梅溪 盧義瑞
張門烈婦
各國의商船(汽船)數爻
我國歲時風俗記
吾人이和合ᄒᆞ여야生存 / 李承喬
人物考
李膺擧傳
詞藻
遊牛峯寺四首 / 陽明
喜雨 / 蘭谷
農夫歌 / 畔世少年
會事記要
學界消息
正誤

會計員報告
附錄
官報抄錄
家屋稅法施行細則
酒稅法施行細則
煙草稅法施行細則
寄附金品募集取締規則
實業學校令

第一卷第十六號 [隆熙 3년(1909) 10월 1일 발행]

論說
本報의過去와未來 / 一記者
告我學生諸君 / 松南
甚矣今年之水旱灾異 / 觀海客
過去現在로推將來 / 會員 咸益謨
教育部
物理學－序論 / 朴漢榮
化學(硝子) / 白星煥
無機化學 / 日本留學生 鄭利泰
衛生部
生理學 / 李命燮
胎生法略設 / 會員 金基雄
人物考
金良彥傳
文藝
送李東暉先生之北 / 沛東野人
吊朴賢基文 / 金源極

祝賀西北學會內農林講習所 / 筆山夢人 李錫龍
演劇場主人에게 / 達觀生
金川君大明學校尋常科丱童生徒柳元八의一時間應試훈文이如左
훈다
談叢
蟻의習性 / 金源極述
狡猾훈猿猩 / 滑稽生
詞藻
早秋苦熱登南山 / 頭山主人
同 / 香山 吳載明
同 / 鶴隱 金斗燮
協成學校贊誦韵 / 李晚堂
雜俎
歐洲泰東學界泰斗 막스、뮬너박사의儒教論(上) / NS生譯
女學生諸氏여 / 新民子
聞童謠 / 春夢子
鐵工組合所趣旨書
柞蠶組合所趣旨書
談叢 - 甲乙問答 / 耳長子
講苑 - 東洋의道學源流 / 謙谷 朴殷植
通信一束
特賀義捐
本會舘內에農林講習所를設立흐고各支會支校에公函훈全文
答許守謙氏函
會事記要
會計員報告

第一卷第十七號 [隆熙 3년(1909) 11월 1일 발행]

論說

本會舘의撮影 / 一記者

今日은吾人의活動時代 / 松南

我國古代文明의流出 / 秋醒子

教育家의職分 / 春夢子

教育部

講壇 西洋教育史 / 頭山逸民

經濟學의必要라 / 韓相愚

學說－物理學 (續) / 朴漢榮

生理學 (續) / 李命燮

文藝

青巖寺記 / 雙城逸民

二十世紀新舞臺靑年에對ᄒᆞ야 / 筆山夢人 李錫龍

賀本學會內農林講習所修業李養羽先生繼古我西北父老說 / 朴漢榮

詞藻

(五言古詩) 觀製紙 / 茂亭

(五言律詩) 夜歸 / 慶雲少年

(七言律詩) 秋興六首 / 觀海散人

秋夜會青岩寺 / 謙谷

演壇

孔子誕辰紀念會講演 / 大同教會 宗教部長 謙谷 朴殷植

西北兩道水灾救恤金義捐會演說 / 金源極

歌叢

孔子誕辰歌

巷謠 前續 / 春夢子

寄書 陸秀夫舟中講大學章句 / 松菴 崔定鉉

談叢
質問隨意 / 漆婆浩歎
街談 / 耳長子
田舍의歎 / 憂時子
雜俎
咸興日新會趣旨書
警告語學諸君
蟻의習性 前續 / 金源極
劈破頑腦 / 義州 李圭贊
公函白川郡守全鳳薰氏
敬答鐵山鄭龍岡金勸告書 / 龍岡 金泰範
海西載寧郡藍湖講習維持會趣旨書
特別義捐
會事記要
本會報代金收合委員選定
月報代金收合委員
載寧郡支會任員改選氏名
永興郡支會任員改選氏名
學界消息
會計員報告

第一卷第十八號 [隆熙 3년(1909) 12월 1일 발행]

論說
本會의性質 / 一記者
因海山朴先生仍舊就新論告我儒林同志 / 松南
國民의普通知識 / 春夢子
遠慰我西北被災同胞라가敬告我西北慈善同胞 / 蘭谷 李承喬

講壇

教育史 / 頭山逸民

豆滿江口古跡 / 達觀生

學園

生理學 (續) / 李命燮

物理學 (續) / 朴漢榮

植物學 / 柳海瑛

化學 / 日本留學生 鄭利泰

憲法上八大自由에就ᄒᆞ야 (續) / 法學少年

文藝

觀學務局長尹致旿氏圖書樓 / 金源極

歷史와國性의關係 / 筆山夢人 李錫龍

勸告我順川一境 / 李思恒

特賀三和港維新婦人會義務 / 秋醒子

金川郡金興學校趣旨書

詞藻九首 / 松南, 鶴岡, 于岡, 于岡, 松南, 鶴岡, 蘭谷, 蘭谷, 無名氏

談叢

崇古生開化生問答 / 知言子

街談

인력거군수작

歌調

巷謠 前續

雜俎

大同教會演說－演題 孔子ᄂᆞᆫ聖之時者 / 金源極

通信一束

會計員報告

正誤

第一卷第十九號 [隆熙 4년(1910) 1월 1일 발행]

論說

新年祝 / 一記者

開化守舊兩派의胥失 / 松南

感覺性이女勝於南乎아 / 秋醒子

漢文教科의必要ᄂᆞᆫ東萊博議 / 李承喬

講壇

王陽明學論 / 金源極

西北學會內農林講習所에對ᄒᆞ야 / 劉重鉉

時間과金錢과의節用 / 春夢子

學園

生理衛生學 / 夢蓮 宋憲奭

文藝

賀高原紳士金容秀氏義務 / 金源極

重陽書懷 / 柏軒

我와社會의關係 / 筆山夢人 李錫龍

詞藻

世界普通家庭觀 / 檀球子 金河球

五言古詩 六首 七言律詩 八首

歌調

巷謠

談叢

街談 쑤장이酬酌 / 耳長子

爲師之道ᄂᆞᆫ知新이勝於溫故 / 栢軒 羅錫璂

會計員報告

雜錄

十三道行政區域一覽表

湖南學報

1908. 6. 25.~1909. 3. 25.(통권 9호). 매월 25일 발행.

* 편집 겸 발행인: 李沂

* 인쇄소: 普成社(1~4호)·新文舘印出局(5~9호), 京城

* 발간단체: 湖南學會(1907. 7. 창설)

- 발기인: 姜曄·白寅基·高鼎柱·尹敬重·李侃·朴榮喆·崔禹洛 등
- 회 장: 高鼎柱
- 부회장: 劉禧烈
- 총 무: 姜曄·朴榮喆
- 평의원: 崔俊植·梁會源·具本淳·金洛龜·朴南鉉·蘇錫政·金鳳善·尹敬重·朴海昌·金暻中·鄭奎三·梁漢默·尹柱臣·李石峴·尹相五·張命相·韓南洙·姜雲燮
- 교육부장 李沂, 재무부장 白寅基

第一號 [隆熙 2년(1908) 6월 25일 발행]

湖南學會月報發刊序 / 李沂

編次部門

本報讀法 / 崔東埴

本報祝辭 / 劉禧烈(前名 奎烈), 崔俊植, 李保, 沈璿澤, 朴海昌, 尹柱瓚, 邊昇基

教育辨論部

一斧劈破 / 李沂

立教本旨 / 邊基纘

晨鍾普警 / 崔東埴

梁氏學說 / 李沂

各學要領部

家政學說 - 家政學總論 / 李沂

國家學說 / 李沂

隨事規諷部

移官於學 / 松史 崔禹洛

湖南性質 / 藕汀 姜曄

宜有頑固 / 三雲 鄭應卨

此自家事 / 每日申報照謄

競爭成事 / 朴榮喆

不獨燐寸 / 白寅基

各人言行部

乙支文德 / 幼年必讀書抄

楊萬春

本會記事部

第一回會錄

本會趣旨

本會規則

任員錄

會員氏名部

第二號 [隆熙 2년(1908) 7월 25일 발행]

教育辨論

一斧破劈[劈破] (續) / 李沂

與呂荷亭書 附 / 黃羲性

國漢文輕重論 附 / 每日申報

新舊同義 / 邊昇基

晨鍾普警 (續) / 崔東埴

各學要領

家政學 (續)

國家學 (續)

政治學說 / 李沂

隨事規諷

警告諸公 / 劉禧烈

本會義務 / 邊基纘

學問希望 / 止山 邊鎭傑

反古之災 / 朴海昌

以鬼禦鬼 / 李保

殖産教育 / 松溪 林正奎

測量應募 / 晩松 柳興烈

告漢城學生文 / 皇城新聞照謄

各人言行

金庾信

姜邯贊

庾黔弼

徐熙

本會記事

第二回會錄

第三回會錄

第四回會錄

本會細則

捐助錄

會員氏名

第三號 [隆熙 2년(1908) 8월 25일 발행]

本報祝辭 補 / 柳興烈

教育辨論部

一斧劈破 (續) / 李沂

學界謾說 / 劉禧烈

晨鍾普警 (續) / 崔東埴

革去舊習 / 邊昇基

各學要領部

家政學 (續)

國家學 (續)

政治學 (續)

隨事規諷部

許其改過 / 李沂

金君可師 / 崔禹洛

濟全一策 / 尹光普

諸性改良 / 尹柱瓚

採藥人問答 / 青坡 尹柱臣

來函謄載
各人言行部
成忠
讚德
竹竹
金后稷
實兮
强首
薛聰
金生
金陽
張保皐
鄭年
本會記事部
第五回會錄
第六回會錄
第七回會錄
第八回會錄
第九回會錄
第十回會錄
第十一回會錄
捐助錄
會員氏名部

第四號 [隆熙 2년(1908) 9월 25일 발행]
本報祝辭 補 / 滄洲 趙冕衡
教育辨論

鄕校得失 / 李沂
師校緩急
學界謏說 續 / 劉禧烈
晨鍾普警 續 / 崔東埴
革去舊習 續 / 邊昇基
今乃省悟 / 梁會源
青年同胞 / 梅塢 尹柱赫
各學要領
家政學 續
國家學 續
政治學 續－立法權論
法學說－民刑訴訟規則 / 李沂
隨事規諷
誠僞兩關 / 李保
賈胡之憂 / 朴海昌
李氏仗義
本會答書
本函照謄
各人言行
李齊賢
徐弼
崔沆
崔沖
金富軾
文克謙
本會記事
第十二回會錄

會計報告

捐助錄

會員氏名

第五號 [隆熙 2년(1908) 10월 25일 발행]

教育辨論部

學令謄告 / 李沂

各學要領部

家政學 (續)

國家學 (續)－國家之歷史 / 玄采 譯述

政治學 (續)－立法權論 / 淸儒 梁啓超著

法學 (續)－民刑訴訟規則 續

隨事規諷部

讀報義務 / 李沂

女校必要 / 崔俊植

愛子歌 / 每日申報照謄

測量教授函告 / 李載亮

答李康濟書 / 李沂

各人言行部

趙沖

金就礪

朴犀

崔椿命

金慶孫

金允侯

元沖甲

安祐

李芳實
本會記事部
第十三回會錄
第十四回會錄
第十五回會錄
第十六回會錄
第十七回會錄
第十八回會錄
第十九回會錄
第二十回會錄
第二十一回會錄
會計報告
捐助錄
會員氏名部

第六號 [隆熙 2년(1908) 11월 25일 발행]

本報祝辭 補 / 濟州進士 金炳胤, 禾東 閔京鎬
教育辨論部
大學新民解 / 李沂
楊墨辨
學界謾說 (續) / 劉禧烈
晨鍾普警 (續) / 崔東埴
革去舊習 (續) / 邊昇基
各學要領部
家政學 (續) – 第二章 家庭教育
國家學 (續) – 國家之歷史 (續) / 玄采 述
政治學 (續) – 立法權論 (續) / 清儒 梁啓超

法學－民刑訴訟規則 (續)
農學說 / 李沂
農學初階
隨事規諷部
接樹得接學法 / 李綺榮
晝寢戒 / 朴鍾完
隨症投劑 / 陽亭 朴南鉉
悳軒(李熙直詩號)問答 / 尹柱瓚
各人言行部
崔瑩
鄭襲明
禹倬
李存吾
申崇謙
河拱辰
庾應圭
庾碩
徐稜
黄守
鄭承雨
李資玄
郭輿
本會記事部
第二十二回會錄
第二十三回會錄
第二十四回會錄
捐助錄

會員氏名部

第七號 [隆熙 2년(1908) 12월 25일 발행]

本報祝辭 補 / 順天 金永黙

教育辨論部

宜讀論語 / 崔禹洛

義務教育 / 姜曄

學非學文 / 李沂

學界譾說 (續) / 劉禧烈

晨鍾普警 (續) / 崔東埴

精神教育 / 尹柱臣

各學要領部

家政學 (續)

國家學－國家之歷史 (續) / 玄采 譯述

政治學－立法權論 (續) / 淸儒 梁啓超 著

法學－民刑訴訟規則 (續)

農學－農學初階 (續)

種植學說 / 尹柱瓚

森林法謄載

隨事規諷部

學部令 私立學校設立認可請願書式謄載

各人言行部

李穡

吉再

本會記事部

第二十五回會錄

第二十六回會錄

捐助錄

會員氏名部

第八號 [隆熙 3년(1909) 1월 25일 발행]

本報祝辭 補 / 藕亭 金觀杓, 益山 吳知泳

教育辨論部

教育宗旨 / 李沂

學界謏說 (續) / 劉禧烈

晨鍾普警 (續) / 崔東埴

各學要領部

家政學 (續)

國家學－國家之歷史 (續) / 玄采 譯述

政治學－學理摭言 / 淸儒 梁啓超 著

法學－民刑訴訟規則 (續)

農學－農學初階 (續)

種植學－森林法 (續)

東洋拓殖株式會社法說明書

隨事規諷部

學部次官演說筆記－私立學校令頒布의理由

各人言行部

孟思誠

黃喜

本會記事部

第二十七回會錄

第二十八回會錄

捐助錄

會員氏名部

第九號 [隆熙 3년(1909) 3월 25일 발행]

教育辨論部

各種學이不如農學 / 尹柱瓚

晨鍾普警 (續) / 崔東埴

學界謾說 (續) / 劉禧烈

各學要領部

家政學 (續)

國家學－國家之歷史 (續) / 玄采 譯述

政治學－學理摭言 (續) / 淸儒 梁啓超 著

法學－民刑訴訟規則 (續)

農學－農學初階 (續)

種植學－森林法 (續)

東洋拓殖株式會社法說明書 續

隨事規諷部

學部次官演說筆記 續

學訓照謄

老人得年之喜 / 尹柱赫

各人言行部

許稠

本會記事部

第二十九回會錄

會員氏名部

畿湖興學會月報

1908. 8. 25.~1909. 7. 25.(통권 12호). 매월 25일 발행.

* 편집인: 李海朝
* 발행인: 金奎東
* 인쇄소: 右文舘(1~4호, 7~12호) · 普文社(5~6호), 漢城
* 발간단체: 畿湖興學會(1908. 1. 창설)
  - 발기인: 鄭永澤 · 李禹珪 · 李光鍾 등
  - 회　장: 李容稙
  - 부회장: 池錫永
  - 총　무: 鄭永澤
  - 회　계: 沈恆燮
  - 서　기: 李春世
  - 간　사: 申鉉台
  - 평의원: 尹孝定 · 張憲植 · 李冕宇 · 李膺鍾 · 吳世昌 · 李鍾一 · 沈宜性 · 洪弼周 · 朴晶東 · 金重煥 · 徐相浩 · 劉秉珌 · 徐丙吉 · 李源生 · 金容鎭 · 南宮檍 · 尹致旿 · 李宇榮 · 朴稚祥 · 趙琬九 · 李載益 · 金鳳鎭 · 金榮灝 · 金完鎭
  - 교육부장 金嘉鎭, 재정부장 李舜夏

第一號 [隆熙 2년(1908) 8월 25일 발행]

本會趣旨書

祝辭 / 李埈鎔 閔泳徽 金允植 金嘉鎭 申箕善 李重夏 李根湘 洪承穆
李應翼 池錫永 李沂 南宮檍 呂圭亨 俞吉濬 崔炳憲 安鍾和 洪正裕

興學講究

興學의方針 / 李容稙

告畿湖愛國同胞 / 金嘉鎭

本會精神 / 鄭永澤

本會의前途希望 / 李鼎煥

畿湖興學會ㄴ何由로起ㅎ얏ㄴ가 / 申采浩

大呼教育 / 卞榮晩

願加三思 / 金文演

教育與學問 / 李膺鍾

各學會의必要及本會의特別責任 / 李鍾浩

甲乙討論 / 琴洲山人

興學의機會 / 元泳義

客의問 / 李春世

學海集成

教育의目的 / 鄭永澤

租稅의定義 / 洪正裕

生理의定義及緒論 / 劉秉珌

應用化學(琉璃) / 徐丙斗

地文略論 / 朴晶東

藝苑隨錄

詞藻

咏虎 / 漢上樵夫

曉渡臨津江 / 滄江

詠石榴 / 木園
詠梧桐 / 澄淸軒主人
放歌一闋 / 小石老夫
雜俎
大東四千載第一偉人「乙支文德」敍 / 邁堂居士
私塾을宜一切打破 / 皇城子
東西格言 / 觀海生
學界彙聞
本會記事
會事一覽
會中日記拔尤
地方에發送ᄒᆞᆫ公函
本會에서畿湖學校를設立ᄒᆞᆫ記事(略附)
本會任員名簿
畿湖學校任員名簿
贊務部任員名簿
贊務員名簿
會員名簿
各地方支會會員名簿
會計員報告

第二號 [隆熙 2년(1908) 9월 25일 발행]

學園講究
師範教育이爲興學之急先務 / 李埈鎔
教育界迷惑解 / 魚允迪
新舊學의原委 / 閔種默
稼說 / 丁明燮

爲善最樂 / 安鍾和
老不可不學 / 金有濟
掃雪種春 / 金文演
物의價値 / 洪正裕
勤者得之 / 崔炳憲
敬告我畿湖同胞 / 李春世
興學論 / 申有善
雖舊惟新 / 尹興燮
告畿湖父兄 / 鄭萬朝
警告我畿湖人士 / 李範世
告山林學者諸公 / 尹商鉉
學海集成
生理學 (續)－全身骨體 / 劉秉珌
政治學－政治學研究의必要 / 安國善
鑛物學 / 閔大植
動物學－動物學의範圍 / 金鳳鎭
植物學－植物界의略說 / 元泳義
應用化學(二) / 徐丙斗
地文略論 (續) / 朴晶東
經濟學－吝嗇이勝於濫費 / 尹成熙
敎育學－敎育의意義 / 鄭永澤
藝苑隨錄
詞藻
夏秋卽事 / 徐相浩
夏日雜詠
觀魚 / 韓昌愚
種果 / 洪明裕

獎屣 / 青城樵夫

雜著

救世良醫 / 李鍾華

秋懷 / 金公植

東西格言 / 觀海生

胎教新記 / 柳李夫人原著

青邱美談 / 觀海生

學界彙聞

別報

私立學校令 (勅令第六十二號)

本會記事

會事一覽

公函各郡守

公函各郡鄉校

本會任員名簿 (續)

贊務部任員名簿 (續)

月報著述員名簿

會員名簿 (續)

支會任員及會員名簿

會計員報告

第三號 [隆熙 2년(1908) 10월 25일 발행]

興學講究

觸物觀感 / 金允植

同謀生存의主要 / 閔種默

學問必要ᄂᆞᆫ在於品行 / 安鍾和

讀書時候 / 金文演

勸告國民急務 / 尹榮鎭
畿湖興學會의責任 / 金成喜
課程之進退在於主人翁之冷熱 / 成樂允
設會興學의原因 / 李璣鉉
願學少年 / 金光濟
人의具格 / 柳靖鉉
教育界의下梢病 / 李喆柱
告社會志士諸公 / 尹商鉉
精神的教育 / 李允榮
教無定向이면反不如不教 / 趙琬九
學海集成
生理學 (續) - 全身骨體 / 劉秉珌
植物學 - 植物界의略說 (續) / 元泳義
動物學 - 脊椎動物 (蛙類) (續) / 金鳳鎭
大韓新地理學 - 第一編地文地理 / 金夏鼎
教育學 - 教育의可能 / 鄭永澤
鑛物學 (續) / 閔大植
地文略論 (續) / 朴晶東
藝苑隨錄
詞藻
花事爲風所損 / 徐相浩
饁婦
夏秋卽事
題劒 / 韓昌愚
書懷
賀同窓友斷髮 / 江華學徒 高濟元
牛山木 / 雨青 李春世

題江亭 / 蔡爾堂
田家
述懷
覓松樹子 / 洪正裕
雜俎
歲不我與 / 李範星
東西格言 / 晩雲生譯
胎敎新記 (續) / 柳李夫人原著
靑邱美談 / 觀海生
學界彙聞
會中記事
會事一覽
公函各郡守
公函各郡鄕校齋任
畿湖學校秋期上學後學徒의 情況
長湍郡興學會支會趣旨書
本會任員名簿 (續)
月報著述原
支會任員及會員名簿
會計員報告

第四號 [隆熙 2년(1908) 11월 25일 발행]

興學講究
氣勝於理 / 安鍾和
精神的敎育 / 趙彦植
病葉이猶能護新芽 / 李喆柱
學生의精神 / 尹榮鎭

告我靑年 / 洪明裕
興學講究의必要 / 沈雨瀅
入學稍早稍緩 / 閔種默
惱門一針 / 尹商鉉
學有新舊辨其虛實 / 崔炳憲
道德敎育法 / 松堂 金成喜

學海集成

經濟學－一般豫算及特別豫算 / 尹成熙
生理學 (續)－全身骨體 / 劉秉珌
應用化學 (三) / 徐丙斗
礦物學 (續) / 閔大植
植物學 (續)－植物界의略說 / 元泳義
敎育學 (續)－敎育의必要 / 鄭永澤
地方自治行政 / 閔丙斗
法律學－刑罰權의槪論 / 李範星
地文略論 (續) / 朴晶東
古代의政治學 / 安國善
會社法抄略－會社의定義 / 洪正裕

藝苑隨錄

詞藻

題荒木寬畝老大家梅竹蘆雁圖 / 雲養
題熊谷眞彦老大家畵
咏盍早鳥 / 鄭始和
有感 / 韓昌愚
引柳
夜不眠 / 悟齋生
咏漁父 / 杓南

遊魚
當秋有感 / 李春世
雜俎
祝辭 / 李埈鎔
酒色之患 / 晩悟子
東西格言 / 晩雲生譯
靑邱美談 / 觀海生
胎敎新記 (續) / 柳李夫人原著
學界彙聞
官報抄錄
(法律第二十二號) 東洋拓殖株式會社法
會中記事
會事一覽
本會任員名簿 (續)
本會會員名簿 (續)
支會任員及會員名簿
畿湖學校運動盛況
會計報告

第五號 [隆熙 2년(1908) 12월 25일 발행]

興學講究
孔敎問答 / 閔商鉉
興學要趣在於三者兼備 / 閔種默
時勢論 / 柳靖鉉
學校를聯絡然後에方有學會之實效 / 李喆柱
文法을宜統一 / 申采浩
小別漢文 / 窺豹子

勞勤은成功의母 / 趙彦植
學海集成
生理學 (續)－肌肉功用 / 劉秉珌
動物學－脊椎動物 (續) / 金鳳鎭
教育學－教育의限界 / 鄭永澤
法律學－不當利得의原理를依ᄒᆞ야不法과不當의辨償도返還의義務가有ᄒᆞᆫ가 / 李範星
應用化學－合金術 / 徐丙斗
倫理學－釋義及範圍 / 李海朝
植物學－植物界의略說 (續) / 元泳義
地方自治行政 續－市面村의機關 / 閔丙斗
會社法抄略 (續) / 洪正裕
藝苑隨錄
詞藻
聞落葉有感 / 杞拙居士
題杉溪男爵大人霽景圖步原韻 / 雲養
次韻賦梅一首呈之 / 上仝
題川端玉章老大家山水圖 / 上仝
題佐竹永湖老大家瀑布圖 / 上仝
題望月金鳳大雅猿虎二畵 / 上仝
田家歎 / 洪明裕
偶吟 / 渾渾齋
鳩婦 / 韓昌愚
野樹 / 徐相浩
夏日雜詠 六言 / 上仝
雜俎
稽滑小說(短篇) / 鳳巢生

긔셔 / 한남녀ᄉᆞ
寄書 豊德郡晋昌學校監 李聖學
東西格言 / 觀海生
胎敎新記 續 / 柳李夫人原著
靑邱美談 / 觀海生
官報抄錄
東洋拓殖株式會社定款
學界彙聞
會中記事
會事一覽
本會任員名簿 (續)
本會特別贊成會員名簿
本會會員名簿 (續)
支會任員及會員名簿
會計報告

第六號 [隆熙 3년(1909) 1월 25일 발행]
興學講究
子夜春雷 / 尹商鉉
女子敎育이爲尤急 / 李喆柱
學問은不可不參互新舊 / 李起鐄
氣勝於理 / 安鍾和
興學論 / 尹喜求
學子의根核 / 鄭國采
課學의七要端 / 閔種默
寄畿湖學校學生諸君 / 李範世
學海集成

教育學－教育의限界 / 鄭永澤
地文略論－時差 / 朴晶東
植物學 (續)－植物界의畧說 / 說元泳義
倫理學 (續)－自己의觀念(一) / 李海朝
政治學說－霍布士學說 第一 / 李春世
動物學－脊椎動物 (續) / 金鳳鎭
生理學 (續)－肥肉功用, 惱爲全體之主 / 劉秉珌
鑛物學 (續) / 閔大植
實利農方－農理(一) 農用土壤 / 李覺鍾
地方自治行政 (續) / 閔丙斗
會社法抄略 (續) / 洪正裕
法律學－羅馬法의自由人 / 李範星
藝苑隨錄
詞藻
題小室翠雲大雅雨後看山圖 / 雲養
題玉枝女史圖 / 上仝
卽景 / 徐相浩
亭柳 雜體 / 上仝
咏悔寓感 / 鄭始和
咸興維新頌 / 趙彦植
雜俎
椎碎金錢癖 / 淸化山人
東西格言 / 觀海生
靑邱美談 / 晩雲生
胎敎新記 (續) / 柳李夫人原著
官報抄錄
東洋拓殖株式會社定款 (續)

學界彙聞
會中記事
　會事一覽
　本會規則
　本會任員名簿 (續)
　本會會員名簿 (續)
　支會任員及會員名簿
　會計員報告

第七號 [隆熙 3년(1909) 2월 25일 발행]

興學講究
　學界의觀念 / 李喆柱
　學生의義務 / 皇城子
　勸告資本家의義捐 / 李起鐎
　學無新舊로勸告不學諸公 / 李輔相
　學界要說 / 金光濟
學海集成
　生理學 (續)－腦爲全身之主 / 劉秉珌
　植物學 (續)－植物界의略說 / 元泳義
　動物學 (續)－蛙類 / 金鳳鎭
　礦物學 (續) / 閔大植
　倫理學 (續)－自己의觀念(二) / 李海朝
　政治學說 (續)－霍布士學說 第一 / 李春世
　會社法抄略 (續) / 洪正裕
　教育學 (續)－教育의限界 / 鄭永澤
　法律學 / 李範星
　地方自治行政 (續) / 閔丙斗

實理農方 (續)－農理(二) 土質試驗法 / 李覺鍾
藝苑隨錄
詞藻
次韻題渡邊華石大雅林間兩蛙圖 / 雲養
題諸星成章大雅瀑布圖 / 上仝
題荒木十畝大雅梅竹盧雁圖 / 上仝
山禽五絶 / 徐相浩
嶺松雜體 / 上仝
解窮 / 白蓮
新年寓意 / 洪明裕
雜俎
興學祝辭 / 姜鎰
青邱美談 / 晚雲生
胎教新記 (續) / 柳李夫人原著
東西格言 / 觀海生
學界彙聞
私立學校規則
會中記事
會事一覽
洪州郡支會報告書
本會會員名簿
支會任員及會員名簿
會計員報告

第八號 [隆熙 3년(1909) 3월 25일 발행]

興學講究
文明思想 / 安鍾和

我國學界의誤解 / 李鍾麟
嗚呼同胞兄弟姊妹여 / 漢南女史
國民教育論 / 鄭國采
罪我者天 / 尹商鉉
教育의效果는精神이勝於書籍 / 李喆柱 (※본문에만 있고 목차에는 없음)
學海集成
地文學 (續) - 地心의 熱度 / 朴晶東
法學 - 法學의本體 / 洪正裕
應用化學 (續) - 合金術 / 徐丙斗
植物界의略說 (續) / 元泳義
鑛物學 (續) - 岩石의 崩解 / 閔大植
動物學 (續) - 脊椎動物 / 金鳳鎭
生理學 - 腦爲全身之主 (續) / 劉秉珌
法律學 / 李範星
實理農方 (續) / 李覺鍾
倫理學 (續) - 自己의觀念(三) / 李海朝
政治學說 (續) / 李春世
藝苑隨錄
詞藻
題山岡米華大雅林間茅屋圖 / 雲養
題荒木探令大雅山水圖 / 上仝
題青琴女史山水圖 / 上仝
青琴女史屬 / 上仝
稚子見柿不識爲何果戲吟 / 徐相浩
石樵 / 上仝
梅花 / 鳳山
寓感 / 朴相會

雜俎
胎教新記 (續) / 柳李夫人原著
青邱美談(修德) / 晩雲生
東西格言 / 觀海生
短篇小說 - 壯元禮 / 震庵散人述兼評
私立學校規則 (續)
學界彙聞
會中記事
會事一覽
洪州郡支會報告書
本會任員名簿 (續)
本會會員名簿 (續)
支會任員及會員名簿 (續)
會計員報告

第九號 [隆熙 3년(1909) 4월 25일 발행]

興學講究
學究의禍 / 圓石 李喆柱
興學反對界에反對熱이不激烈홈을嘆홈 / 尹商鉉 (※본문에만 있고 목차에는 없음)
紫西問答 / 申箕善
變之又變 / 金璣鉉
學典의敍 / 李膺鍾
學界의健忘証 / 李海朝
學海集成
鑛物學 (續) - 石灰岩 · 方解石 / 閔大植
地方自治行政 (續) - 郡의 構成 / 閔丙斗

植物界의略說 (續) / 元泳義
法學의職分 (續) / 洪正裕
生理學 (續) – 腦爲全身之主, 眼官部位論 / 劉秉珌
實理農方 (續) – 排水法 / 李覺鍾
政治學說 (續) – 霍布士學說 / 李春世
會社法 / 李範星
倫理學 (續) – 自己의觀念(四) / 李海朝
藝苑隨錄
詞藻
梅花詩 / 翠雲
次韻三首奉和藍田詞伯大人 / 雲養
割密編 / 藥園 徐相浩
題學會 / 李鍾乾
雜俎
青邱美談 (續) / 晩雲生
東西格言 / 觀海生
藝牕謾言 / 金鳳鎭
春詞로贈畿湖學生 / 李輔相
學界彙聞
會中記事
公函各支會所在郡郡守
洪州郡支會長報告書
學事報告
本會任員名簿
學校任員名簿
本會會員名簿
支會任員及會員名簿

洪州郡支會任員改選名簿
會計員報告

第十號 [隆熙 3년(1909) 5월 25일 발행]

興學講究
轉學의病 / 洪正裕
學界의照魔鏡 / 尹商鉉
學貴立心 / 李鍾麟
大同學說의問答 / 皇城子
聰明이不如鈍筆 / 李輔相
厭貧模富로告學界僉彥 / 金璣鉉
學海集成
地方行政 (續) - 郡의 構成, 郡의 機關 / 閔丙斗
倫理學 (續) - 家族倫理 / 李海朝
植物界의略說 (續) / 元泳義
實理農方 (續) - 肥料 / 李覺鍾
生理學 (續) - 眼官部位論 / 劉秉珌
鑛物學 (續) - 石膏 · 螢石 · 燐灰石 / 閔大植
農工商의必要 / 韓昌愚
學典 / 李膺鍾
法律學 - 法學의範圍 / 李範星
政治學說 (續) / 李春世
藝苑隨錄
詞藻
夜宿會舘明倫堂 / 李鍾乾
春潮謾詠 / 上同
詠漁翁 / 石經子 李殷璟

題滄汀書屋 / 雲汕 李充浩
次韻三首奉和大鳥如楓老詞伯 / 雲養
雜俎
柞蠶飼育法
東西格言 / 觀海生
青邱美談 (續) / 晩雲生
學界彙聞
會中記事
會事一覽
公函各郡郡守及直員
本會會員名簿
會計員報告

第十一號 [隆熙 3년(1909) 6월 25일 발행]

興學講究
通古今達事理 / 李輔相
興學이爲國之急務 / 安鍾和
精神的教育 / 尹商鉉
書寄 / 圓石子
貧民에對ᄒᆞᆫ教育觀念 / 金鳳鎭
學貴立心 (續) / 李鍾麟
學海集成
動物學 (續) – 脊椎動物 / 金鳳鎭
植物界의略說 (續) / 元泳義
地方自治行政 (續) – 郡의 財政, 郡行政의 監督 / 閔丙斗
實理農方 (續) – 植物肥料 / 李覺鍾
讀書法 / 李春世

學典 (續) / 李膺鍾
生理學 (續) - 眼官部位論 / 劉秉珌
礦物學 (續) - 石炭 / 閔大植
倫理學 (續) - 家族倫理 / 李海朝
地文問答 - 太陽系 / 洪正裕
化學問答 / 白雲齋
經濟學說 - 庶民銀行設立必要, 產業組合 / 金大熙
藝苑隨錄
詞藻
喫萵苣長句 / 藥園 徐相浩
次韻三首和添光鴻大詞伯 / 雲養 金允植
次韻奉和南摩羽峯詞伯 / 上仝
削髮後贈友人 / 朴文植
勸蚕詩 / 翠雲 吳炳日
西江偶吟 / 李鍾麟
鷹 / 晩雲 洪正裕
雜俎
柞蠶飼育法 (續)
修身要領 / 日本福澤諭吉著
青邱美談 (續) / 晩雲生
東西格言 / 觀海生
學界彙聞
會中記事
會事一覽
本會會員名簿
支會任員及會員名簿
會計員報告

第十二號 [隆熙 3년(1909) 7월 25일 발행]

興學講究

學有其術 / 李鍾麟

貧民에對ᄒᆞᆫ教育觀念 (續) / 金鳳鎭

教子說로畿湖父兄의게忠告ᄒᆞᆷ / 尹商鉉

研究 / 李喆柱

興學이爲國之先務 (續) / 安鍾和

學海集成

學典 (續) / 李膺鍾

實理農方 (續)－動物肥料 / 李覺鍾

農商工의必要 (續) / 韓昌愚

生理學 (續)－眼官部位論 / 劉秉珌

植物界의略說 (續) / 元泳義

礦物學 (續)－石炭 / 閔大植

讀書法 (續) / 李春世

倫理學－社會倫理 / 李海朝

化學問答 / 白雲齋

地方行政 (續)－道의 構成, 道의 機關 / 閔丙斗

動物學 (續)－魚類 / 金鳳鎭

地文問答 / 洪正裕

藝苑隨錄

詞藻

次韻和呈土屋鳳洲詞伯 / 雲養

次韻奉酬槐南詞宗 / 上仝

次韻奉酬永井久詞伯 / 上仝

偶吟 / 翠雲

又 / 上仝

曉起 / 李鍾麟
雜俎
柞蠶飼育法 (續)
東西格言 (續) / 觀海生
教科書의內容에關ᄒᆞᆫ調査
學界彙聞
會中記事
會事一覽
學事報告
畿湖學校建築發起文
畿湖學校學生等捐助文
特別科學生義捐氏名 (※본문에만 있고 목차에는 없음)
第一學年生徒捐助氏名 (※본문에만 있고 목차에는 없음)
第二學年生徒捐助氏名 (※본문에만 있고 목차에는 없음)
會計員報告

大韓興學報

1909. 3. 20.~1910. 5. 20.(통권 13호). 월 1회 발행.

* 발행인: 高元勳
* 편집인: 姜荃(1~3호) · 李承瑾(4~5호, 9호) · 趙鏞殷(6~8호) · 李得季(10~11호, 13호) · 姜邁(12호)
* 인쇄소: 大韓興學會出版部(1~3호) · 大韓興學會印刷所(4~13호), 日本 東京
* 발간단체: 大韓興學會(1909. 1. 일본 유학생 단체들인 大韓學會 · 太極學會 · 共修學會 · 硏學會 등을 합하여 창설)
  - 회　장: 蔡基斗
  - 부회장: 崔麟
  - 총　무: 金鴻亮 · 崔昌朝
  - 평의원: 許憲 · 金志侃 · 文尙宇 · 陳慶錫 · 朴炳哲 · 李豊載 · 金鉉軾 · 柳承欽 · 劉泰魯 · 韓溶 · 鄭世胤 · 李恩雨 · 朴容喜 · 李昌煥 · 韓相愚 · 金淇驩 · 尹定夏 · 趙鏞殷 · 金晉庸 · 李得年 · 朴海遠 · 李寅彰 · 崔鳴煥 · 姜麟祐 · 具滋鶴
  - 서기원: 金洛泳 · 羅弘錫 · 金基敬
  - 간사원: 尹宇植 · 朴相洛 · 林彪 · 金有喜 · 崔元植

第一號 [隆熙 3년(1909) 3월 20일 발행]

大韓興學會趣旨書

報說

祝辭

愛我大韓興學會 / 留學生監督 申海永

祝大韓興學會 / 柳苾根

祝大韓興學會 / 綏堂生 權潤

祝辭 / 海見生 韓鎬光

祝辭 / 姜邁

演壇

本會過去及將來 / 高元勳

個人獨立四字로大告我韓同胞 / 李承瑾

淸國의覺醒과韓國 (前大韓學會月報續) / 蔡基斗

適者生存 / 金永基

我國의演劇場消息 / 金源極

新韓國人은新韓國熱을要흘진뎌 / 趙鏞殷

團体의對흔利害觀念 / 尹台鎭

論社會進化之原則흐야以慰我志士同胞 / 羅弘錫

一塊熱血 / 洪命熹

教育者의注意 / 鄭敬潤

學海

家庭教育法 (前太極學報第卄七號續) / 金壽哲 譯述

家畜改良의急務 (前大韓學報第九號續) / 李赫

韓國蠶業에對흔意見 / 盧庭鶴

警察性質의觀念 / 南基允

史傳

閣龍

文苑
江之島玩景記「成城學校秋期旅行」 / 朴允喆
詞藻
歲暮偶感 / 碧農生 尹炳喆
生朝有感 / 松南生 金源極
新年羈懷 / 米山造父 金永基
鷄鳴歌 / 邊熙駿
上元 / 朴楚陽
雜纂
農家必讀 (害蟲驅除劑) / 韓溶
日本文明觀 (前大韓學報第九號續) / 崔錫夏
政治上으로觀ᄒᆞᆫ黃白人種의地位(前大韓學報第九號續) / 韓興教 譯
彙報
會錄
第一回臨時評議會
第二回臨時評議會
第一回定期評議會
卒業祝賀式
本會總代劉泰魯氏祝辭
卒業生總代南基允氏答辭
第一回會計部廣告

第二號 [隆熙 3년(1909) 4월 20일 발행]
寫眞募集廣告
演壇
活界新聞論說 (轉載) / 編纂部
向上的精神으로知者에게一言 / 韓光鎬

成功의奮鬪 / 李漢卿
社會進化在於宗教의確立 (寄書) / 朴憲用
現代靑年은如何ᄒᆞᆫ目標로前進할가 / 金達集
報舘增設을絶叫함 / 文尙宇
積小成大 / 楊致中
靑年의士氣 / 期訥生
我韓에對ᄒᆞ야富强의基礎를論ᄒᆞᆷ / 編輯人 姜荃

學海

經濟學의必要 / 李承瑾
音樂의效能 / 劉銓
小學手工 / 東京靑山師範學校敎授中垣兵次郎 著述, 具滋鶴 繙譯
葡萄栽培說 / 金志侃
韓國蠶業에對ᄒᆞᆫ意見 (續) / 盧庭鶴
家畜改良急務 (續) / 李赫

文苑

寓言 / 編輯人
觀日光山記 / 斗山人 尹定夏

詞藻

偶題 / 碧樵生 洪命熹
偶吟 / 可石 李大容
記夢 / 無逸
次韻 / 有我
送友之熱海 / 無逸
次韻 / 有我
述懷 / 趙允泳
送趙鼎鎭君

雜纂

韓國農業改良策 (新聞譯載) / 編纂部
女子界의進步 / 東海滄夫 姜邁
日本文明觀 (續) / 崔錫夏
列國敎育調查 / 學不厭生
彙報
本會春期運動
會錄
第一回定期評議會會錄
第二回定期評議會
大韓興學會第二回定期總會會錄
第三回定期總會會錄
本會會員錄
第二回會計部廣告
第一回會計部決算報告

第三號 [隆熙 3년(1909) 5월 20일 발행]

祝大韓興學會 (寄書) / 鄭錫迺
演壇
敎育의新潮 / 金永基
韓國第一着의急務 / 姜荃
國民의知識普及說 / 朴海遠
早稻田大學同窓會諸氏의禁酒에就ᄒᆞ야 / 米山生
愛國者의眞僞를論ᄒᆞᆷ / 李重雨
學海
自治의模範 / 編輯人譯
韓國蠶業에對ᄒᆞᆫ意見 (續) / 盧庭鶴
學校의槪說 / 姜邁

家畜改良의急務 (續) / 李赫
地文學(地球의運動) / 洪濤一 譯
森林學 / 種樹生 譯
史傳
쎄수다롯지傳 / 一笑生
文苑
觀日光山記 / 斗山人 尹定夏
詞藻
日比谷公園晩春 / 蓮史生 李恩雨
同 / 秋觀生 高元勳
江戶謾興 / 朴海遠
和日置禪師演說 / 唯心生
小金井觀櫻 / 蓮史生 李恩雨
同 / 틔빅山人 李承瑾
同 / 秋觀生 高元勳
同 / 金晉庸
次蓮史日比谷公園韻 / 秋儂生 趙南稷
次秋觀小金井觀櫻韻 / 同人
深夜獨坐 / SW
雜纂
觀留學生界有感 (寄書) / 朴聖會
留學生同胞의教育과學會의耳聞目擊 (寄書) / 金永黙
我國溫突의利害 / 韓興教
世界奇聞 / 具滋鶴 選
彙報
會錄
第四回定期總會

第四回定期評議會
第五回定期評議會
本會會員錄 (續)
支會會員錄
第三回會計部廣告

第四號 [隆熙 3년(1909) 6월 20일 발행]
祝辭
祝辭 / 崔錫夏
祝辭 / 徐畊淳
祝大韓興學會 / 義州養實學院中學部一同
又 / 高原 朴日燦
又 / 江西 鄭泰胤
又 / 殷栗 李基豊
又 / 鄭均奭
敬呈大韓興學會 / 黃海道安岳郡靑龍面金山里文新學校
演壇
學生論(上) / 嘯印生
天下의最慘最痛ᄒᆞᆫ境遇ᄂᆞᆫ絶望에在ᄒᆞᆷ / 徐承孝
論歐東與亞東之關係 (寄書) / 淸國浙江人 柴宗형(※목차에는 '柴宗형'으로 되어 있음)
立憲世界 / 金振聲
學海
國家種類의大略 / 朴海遠
原子分子의說 / 欲愚生 譯抄
쇼-핀하엘氏의 論理說一班 / 秋塘朴繹
地文學(地球運動續) / 洪鑄一

史傳
마제란傳 / 岳裔
文苑
觀日光山記 (續) / 尹定夏
輓裴公文 / 姜邁
追悼裴公文 / 崔浩善
詞藻
精神詞 / 李寅銖
和秋觀日比谷韻 / 蓮湖生 金永默
吊裴公 / 欲愚生 洪命熹
又 / 朴聖會
又 / 岳裔
又 / 틔빅山人
又 / 金聖睦
又 / 申東熙
又 / 李大容
又 / 雲樵生 池成沇
又 / 挽洋生 韓興教
又 / 淸國人 張積仁
又 / 金永默
又 / 洪思軾
雜纂
懷我墨西兄弟 / 高元勳
生物이오自護的本能을不具ᄒᆞᆫ者-無ᄒᆞᆷ / 韓興教
春夢 (寄書) / 西北協成學校生 尹鑑
春日遊園有思 / 韓光鎬
彙報

卒業生祝賀式 / 李承漢 筆記
卒業生張膺震氏答辭
會錄
第五回定期評議會會錄
第五回定期總會會錄
第一回臨時評議會會錄

第五號 [隆熙 3년(1909) 7월 20일 발행]

卒業生一覽
卒業生諸君의게望ᄒᆞᄂᆞᆫ바 / 高元勳
演壇
破壞的時代의精神을論ᄒᆞᆷ / 李承瑾
國民必究의國際急先務 / 金淇驩
教育方針에對ᄒᆞᆫ意見 / 朴聖會
農村과都會를論ᄒᆞᆷ / 金河球
學海
地歷上小譯－東西古蹟의一班 / MH生
地文學(地球運動續) / 洪鑄一
人爲的保護淘汰로養蠶의原因을論ᄒᆞᆷ / 愼尙翼
史傳
具論衛乙의外交史略 / 研究生譯
마제란傳 (續) / 岳裔
文苑
咸鏡道壬辰義兵大捷碑文 / 嘯海生 謄
詞藻
送友歸京城 / 玉吾生
又 / 芹野

又 / ᄐᆡᄇᆡᆨ山人

又 / 松泉

又 / 古泉

雜纂

結婚ᄒᆞᆫ娘子의게 與ᄒᆞᆫ書(譯) / ᄐᆡᄇᆡᆨ山人

間島鑛產物 / 安鼎夏 抄譯

世界의格言 / 具滋旭

代卒業生ᄒᆞ야別芙蓉峰 / ᄐᆡᄇᆡᆨ山人

彙報

卒業祝賀式

本會總代高元勳氏祝辭

卒業生總代崔麟氏答辭

監督申海永氏演說

會錄

第六回定期評議會會錄

第七回定期評議會會錄

第六回定期總會會錄

本會會員錄 (續)

支會會員錄 (續)

附

大韓興學會規則

大韓興學會細則

大韓興學會評議會會則

大韓興學會執行任員會會則

第六號 [隆熙 3년(1909) 10월 20일 발행]

演壇

列國靑年과밋韓國靑年談 / 李承瑾
興國의民風 (譯) / 李大容
我韓社會觀 / 李得季
英國의國民主義와經濟思想 / 李豊載
自强 / 韓興敎
韓國今日의靑年事業 / 金淇驩
女學生의게醫學硏究를勸告홈 / 滄海子
學報發送에對흔所感 / 姜邁
日本苦學生의情形을擧하야我本邦同學諸君에게告하노라 / 具岡
讀大韓興學報賀敎育新潮 (寄書) / 成樂淳
靑年煩悶熱의淸凉劑 / 金河球
學海
地歷上小譯 (續) / MH生
地文學 / 洪鑄一
森林間接의效用 (譯) / 崔容化
文苑
暑雨拈韻
夏日題藏春寺
偶題寶院寺
題芙蓉蜂
雜纂
梵寺新聲 / 韓興敎
歐羅巴의聯合 / 聾山人 朴有秉
彙報
隨聞錄隨[隨錄]
敎部成績
監督申海永氏病沒始末

新入會員

第五回會計部廣告

第七號 [隆熙 3년(1909) 11월 20일 발행]

報說

會員諸君 / 嘯印生

論著

內國父老에向ᄒᆞ야子弟留學을勸告ᄒᆞᆷ / 姜荃

我韓現象의最大急務 / 鄭敬潤

軍人學生을歡迎ᄒᆞᆷ / 姜邁

卒業生을對ᄒᆞ야勸告 (寄書) / 朴楚陽

教師와教育社會의關係 / 具滋鶴

喚起我半島帝國之民族的觀念 / 尹台鎭

學藝

領事官의性質과特權 / 李昌煥

眞僞說 / YE

傳記

大統領쎄아스氏의鐵血的生涯 / 吳悳泳

文苑

故留學生監督申公追悼文

時報

間島에關係ᄒᆞᆫ日淸間條約

宗教에關問ᄒᆞ야

間島問題와戰術上關係

露國一等軍港地決定

모로코事件及西班牙內亂

歐美各國之寄宿費

韓國在留之外人
附錄
彙報
會錄
會計報告

第八號 [隆熙 3년(1909) 12월 20일 발행]

論著
歲己酉終에舊韓을送홈 / 嘯印生
我韓將來商業의中心地 / 文一平
教育急務莫先乎養師 / 東隱生 尹台鎭
民是論 / 岳裔
青年國之元氣 / 吉昇翊
社會變態說 / 金河球
小說
요죠오한(四疊半) / 夢夢
學藝
小兒의養育法 / 池成沇
政治論 / SK生
史傳
日清戰爭原因에關흔韓日清外交史 / 碧人 金淇驩
大統領쩨아스氏의鐵血的生涯 (續) / 吳悳泳
文苑
故李恒烈君追悼文
故尹學鉉君追悼文
國詩二首 / 소앙
散錄

編輯室餘談
秋日自然觀 / 金益三
嗚呼歷史家諸公
印度와페쓰트 (衛生雜誌)
食肉와衛生 (衛生新報)
農作物에 電氣應用 (蠶業新報)
列强의空中勢力 (科學世界)
本會에寄贈ᄒᆞᆫ書籍及新聞月報
彙報
會錄
第八回定期總會
臨時執行任員會
評議會會錄
定期評議會
新入會員
正誤
會計報告

第九號 [隆熙 4년(1910) 1월 20일 발행]

論著
謹將東皇之訓諭ᄒᆞ야告我同學諸君 / 姜邁
元日曠感 / 碧人 金淇驩
韓國硏究 / 滄海生
農林的韓國 / 金聖睦
敎育은獨立의準備라 / 京城養源女學校學生 金順熙
敬告我留學諸君顧念父母之情恩 / 金升植
學藝

小兒養育法 (續) / 池成沇
政治論 (續) / SK생
傳記
大統領데아스氏의鐵血的生涯 (續) / 吳悳泳
詞藻
獄中豪傑 / 孤舟生
散錄
丹心一片 / 金洛泳
天職論 / 金寬會
孝의觀念變遷에對ᄒᆞ야 / 文學博士 井上哲次郎, 嘯印生譯
各國財政 / 文尙宇
彙報
會錄
第九回總會
臨時評議會
會計報告
正誤

第十號 [隆熙 4년(1910) 2월 20일 발행]

論著
告我韓士
甲辰以後列强大勢의變動을論ᄒᆞᆷ / 嘯印生
今日我韓靑年과情育 / 李寶鏡
理想的人格 / 崔浩善
時勢와韓國 / 郭漢倬
學藝
胃攝生의大要 / 姜元永

地理와人文의關係 / 岳裔
商業概要 / 金尙沃
文苑
戒在三愛 / 壽岑
此時足可惜十二韻 / 仝
元朝與弟共宿青山萬淸舘 / 滄南
自萊港舟泊馬關 / 翠汀
新曆歲除日漫唫 / 同
其二 / 同
太白山歌 / ᄐᆡᄇᆡᆨ山人
雜纂
西藏의槪觀 / HS生
列國國力比較 / 社生
各國의財政 (續)
要錄
本會의歷史
談叢 / 麗生抄
會錄
臨時總會
定期評議會
臨時評議會
紀念總會
歡迎總會
定期評議會
會計報告
正誤

第十一號 [隆熙 4년(1910) 3월 20일 발행]

報說

大韓興學會의將來를論흠

論著

宜有正眼 / 朴海遠

代現世之士ᄒᆞ야有感於日本留學諸氏라 (寄書) / 金忠熙

國民의科學的活動을要흠 / 挽洋生 韓興教

學藝

文學의價値 / 李寶衔

地理와人文의關係 (續) / 岳裔

森林의研究 / 楊在河

地文學의問答 / 麗生

小兒養育法 (續) / 池成沇

文苑

情表

江戶夜同至人唫 / 步同

又

陰曆十四夜 / 秋塘

仝題 / 湖隱

三松舍春夜小詠 / 碧人

仝 / 鰲隱

銀世界觀梅 / 小溪

同 / 金湖主人

同 / 碧人

小說

無情 / 孤舟

雜纂

海上 / 聽天子

米國과巴奈馬 / 一記者

交通과世界的文明 / 同

散錄

大英雄拿翁의戰鬪訣 / 劒生

會員動靜

會錄

評議會錄

歡迎總會

會計報告

第十二號 [隆熙 4년(1910) 4월 20일 발행]

論著

三要論 / 岳裔

日本에在혼我韓留學生을論홈 / 李寶鏡

學藝

胃病論 / 康秉鈺

商業概要 (續) / 金尙沃 譯

條約概意 / 郭漢倬

小兒養育法 (續) / 池成沇

文苑

吊梅 / 金洛泳

早稻田謾筆 / 李承瑾

秋風斷藤曲 / 滄江

雜纂

日本明治七年以后教育界의新傾向 / 海敖

教育時弊 / 具滋鶴

小說
無情 (續) / 孤舟
會錄
評議會會錄
第十二回定期總會
會員動靜
會計報告

第十三號 [隆熙 4년(1910) 5월 20일 발행]

論著
本會今昔之感 / KM生
日本教育界思想의特點 / 編輯人
急進的社會改良策을內國志士諸公에게望흠 / 姜荃
學藝
歐洲의人情 / 劉秉敏
胃攝生의大要 (第十號續) / 姜元永
條約槪意 (續) / 郭漢倬
雜纂
西藏槪觀 (第十號續) / HS生
生存競爭談 / KM生
詞藻
贈送渭史姜荃詞兄歸國 / 秋儂 趙南稷
又
日比谷公園述懷 / 嘯印生
編餘漫筆
乃祖乃孫
獨立精神

可稱三奇
經科大學
男은間諜女는娼妓
青年有光
會錄
第十三回定期總會
會計報告
大韓興學會改正規則

嶠南教育會雜誌

1909. 4. 25.~1910. 5. 25.(통권 12호). 매월 25일 발행.

* 편집 겸 발행인: 朴晶東
* 인쇄소: 右文舘(1호)·大同廣智社(2~6호, 11~12호)·昌新舘(8호, 10호), 漢城
* 발간기관: 嶠南教育會(1908. 3. 창설)
  - 발기인 朴晶東·尚灝 등
  - 회　장: 李夏榮
  - 부회장: 尚灝
  - 총　무: 孫之鉉
  - 평의원: 朴晶東·南亨祐·李覺鍾·金應燮·許𡼏·張澤煥·崔廷德·金秉洙·申喆熙·金光濟·李珍雨·崔秉瓚·黃轍秀·安熙濟·張行遠·金洛憲·李宣鎬·李根泳·鄭恆謨·朴瑢台·張吉相·朴重華·鄭錫圭·秋柏燁·朴時奎·趙南倬·朴星煥·金洛純·鄭奭朝·李潤
  - 간사원: 李元植·李圭漢·金秉泌
  - 서기원: 柳時鳳·李鍾淵
  - 회계원: 張宅煥·權重勳
  - 재무부장 張吉相, 도서부장 朴晶東, 교육부장 安宅重

第一號 [隆熙 3년(1909) 4월 25일 발행]

本會趣旨書

本誌刊行說 / 會員 朴晶東

誌說 / 會員 鄭恆模

仝 / 會員 權重勳

彙說

嶠南教育會序 / 坦齋 李重夏

會序 / 會員 姜夏馨

會說 / 會員 申喆熙

教育說 / 姜夏馨

嶠南人士의頑腦을不可不一打擊 / 會員 蔡章默

寄付公函 / 堤川紳士 李熙直

祝辭 / 會員 張志淵

仝 / 會員 安宅重

仝 / 霞山 南延哲

仝 / 雲養 金允植

仝 / 李熙直

仝 / 會員 李奎漢

仝 / 會員 李宣鎬

仝 / 會員 呂圭亨

仝 / 會員 張行遠

仝 / 呂永祚

仝 / 會員 呂中龍

仝 / 會員 李謙來

仝 / 會員 孫之鉉

仝 / 南宮檍

仝 / 李鍾麟

仝 / 會員 李錫炳
仝 / 金重煥
仝 / 黃泌秀
仝 / 鄭準民
仝 / 會員 金秉夔
仝 / 會員 姜鳳朝
仝 / 會員 朴文植
仝 / 會員 李鍾冕
仝 / 李鍾浩
雜著
理時辨 / 會員 徐鴻烈
文苑 / 知非子
雜俎 / 金商敎
支那梁啓超新民論 / 李鍾冕譯
詞藻
夜泊楊花渡 / 剛齋 安宅重
可爲 / 張行遠
登惺惺臺 / 知非子
遊瀌瀌界 / 仝人
仁港詠雪 / 秋汀 姜夏馨
尺蠖 / 蔡章默
琴 / 仝人
題嶠南會舘 / 芋堂 申喆熙
題本會月誌 / 邁舲 李鍾冕
會中記事
總會錄
第一回評議會錄

任員錄

會員名簿

會計報告

附錄

私立學校令

學會令

注意

第二號 [隆熙 3년(1909) 5월 25일 발행]

學術

爲學務要精一 / 李謙來

德有言仁有勇 / 金商敎

安逸學文上大妨 / 姜夏馨

彙說

私立學校及學會刱始設 / 呂永祚

誌說 / 蔡章默

文明說 / 尹忠夏

身家國說 / 呂永祚

太極敎立說 / 知非子

雜俎

嶠南學生親睦會趣旨 / 張志淵

任土作貢 / 金商敎

祝辭 / 圓石 李喆柱

本會第一回紀念式祝辭 / 李錫炳

敎育正鵠 揠 / 尹敦求

守舊論 / 李冕錫

學會 / 冬泉 任宇鐸

祝辭 / 成樂賢
仝 / 李承老
警惰論 / 白洛居士
小說 - 春秋夢 / 北嶽山人
聾者責瞽 / 徐鴻烈
警告嶠南人士 / 李重和
今日嶠南 / 李宣鎬
詞藻
黃鳥詞 / 權重勳
春城聽鶯 / 權相益
咏古木
楊花江 / 凰山 李鍾麟
漁詞
永道寺
愁
古木 / 笑山 蔡章默
賦梅 / 昌山 老樵
漫咏 / 知非子
會中記事
會錄
第一回評議會錄
任員名簿
會員名簿
第二號會計報告

第三號 [隆熙 3년(1909) 6월 25일 발행]
學術

地理學의原論 / 李然庠

法人의性質及種類 / 金商敎

新書算法 / 李根中

彙說

教育會論 / 翰山 閔種默

政教分門說 / 呂永祚

不可有等級不可無等級 / 李謙來

雜俎

教育의制度 / 權重勳

學會 / 任宇鐸 續

儒不可廢 / 權重哲

農工商學이爲今日의急務 / 蔡章默

守舊開化論 / 尹敦求

農業概畧 / 張世昌 選

草木培養法 / 仝人

內地彙報

學界彙報

詞藻

送彝石李君西遊 / 小松 李容殷

題本會舘 / 彝石 李錫炳

送友之永陽 / 仝人

贈孫使君之鉉赴晋陽 / 仝人

送友人之南州 / 笑山 蔡章默

採蓮曲 / 仝人

述懷 / 芋堂 申喆熙

幽居即事 / 大庵 權重勳

偶題 / 蕙觀 朴晶東

嘆辭 / 小川 朴尙浩
題假花 / 大庵 權重勳
其二
志慨 / 菖鼻 權相益
步東園 / 仝人
自警 / 仝人
附錄
官報抄錄
家屋稅法施行細則
酒稅法施行細則
煙草稅法施行細則
寄附金品募集取締規則
會中記事
會錄
會員名簿 (續)
第三號會計報告
嶠南教育會規則
通常會細則
嶠南教育會支會設立規定
敬告
正誤

第四號 [隆熙 3년(1909) 7월 25일 발행]

學術
地圓之據 / 朴晶東
地理學의原論－地와人의關係如何 續 / 李然庠
地文學說 / 海士 尹敦求

物權學 / 金商敎
彙說
無若宋人然
學而時習之不亦悅乎 / 成樂賢
術不可不愼 / 姜夏馨
太極敎說 / 金濩圭
敎育의制度 續 / 權重勳
農工商學이爲今日의急務 續 / 蔡章黙
雜俎
五洲疆域記畧 / 姜夏馨
學界의最貴者知時宜 / 尹忠夏
世界奇聞 / 權重燮
動物의壽命 / 콜셀드博士의調査를謄照
聞見錄 / 李錫炳
學界彙報
內地彙報
地稅及附加稅規定
收繭禮式
祝辭 / 朴海點
詞藻
警告北嶽山人 / 韓繼箕
採蓮曲 / 笑山
又 / 笑山
附錄
聖詔恭錄
官報抄錄
隆熙三年五月一日 度支部訓令

內部告示第二十七號
度支部訓令第六十五號
法部訓令第五號
會中記事
會錄
嶠南教育會規則 續
嶠南教育會支會規則

第五號 [隆熙 3년(1909) 8월 25일 발행]

學術
曆法備考及統論 / 李根中
物理學 / 朴晶東
物權學 續 / 金商教
地文學 續 / 尹敦求
彙說
隔鞋搔癢 / 權重勳
以國富民不如以民富國 / 李謙來
竊爲我嶠南紳士父老ᄒᆞ야大聲疾呼 / 蔡章默
一掃嶠雲之九疑 / 金鎮浩
四學說 / 金郁
宗教原論 / 知非子
人民의教育 / 白洛居士
雜俎
五洲疆域記畧 續 / 姜夏馨
世界各國位號, 御名, 御年及國의種類 / 滄帆選
秋風辭 / 蔡章默
東西格言 / 北嶽山人

聞見錄 續 / 彛石 李錫炳
三淸洞遊記 / 李宣鎬
詞藻
三淸洞濯足 / 秋汀 姜夏馨
僑居有感 / 芋堂 申喆熙
訪友人 / 仝人
偶吟 / 仝人
畵竹 / 笑山 蔡章黙
附錄
聖詔恭錄
內地彙報
官報摘要
農商工部所管農林學校規則
學界彙報
會中記事
會錄
會員名簿 續
第四號會計報告

第六號 [隆熙 3년(1909) 10월 25일 발행]

學術
營業이無上於養蠶 / 張億
物權學 續 / 金商敎
物理學 續－重力 / 朴晶東
彙說
事之成在有終 / 洪在暭
愛時憂時論 / 李宣鎬

觀於海者 / 李謙來

敬告嶠南諸公 / 全忠植

人民의教育 續 / 白洛居士

秋語로寄我嶠南青年諸君 / 蔡章默

雜俎

五洲疆域記畧 續 / 姜夏馨

學界에有四魔 / 金鎭浩

東西格言 續 / 北嶽山人

詞藻

漁父詞 / 浪旅生 朴文植

落月 / 碧蕉 高永箕

塞下曲 / 笑山 蔡章默

附錄

聖詔恭錄

內地彙聞

官報摘要 續

學界彙聞

會中記事

會錄

任員改選錄

會員名簿 續

第五號會計報告

第七號 [隆熙 3년(1909) 11월 25일 발행] 缺

第八號 [隆熙 3년(1909) 12월 25일 발행]

學術

物理學 續－空氣 / 朴晶東
法律學 續 / 金商敎
生理學 / 金科奉
蠶學 續 / 張億
史學－歐洲續 / 權重哲
彙說
生利摘要說 / 李謙來
夢不知夢 / 元泳義
舊學을不可全廢 / 蔡章默
雜俎
五洲疆域記畧 續 / 姜夏馨
靑年은志氣를自鞭홈이可홈 / 白洛居士
東西格言 / 北嶽山人
內外國貨幣同異式
學界彙聞
詞藻
從地理鳥 / 霞山 朴秀馨
滄海力士鐵椎詩二十句 / 亞汀 許민
會中記事
會錄
會員名簿 續
第七號會計報告
附錄
官報抄錄
法律第二十六號 度量衡法
內地彙報
酒稅法第三號 續

謹告嶠南學界僉彥

第九號 [隆熙 4년(1910) 2월 25일 발행] 缺

第十號 [隆熙 4년(1910) 3월 25일 발행]

學術
法律學 (續)－國際法 / 金商敎
物理學 (續)－空氣의壓力 / 朴晶東
格致學의功用 (續) / 蔡章黙
果樹園藝學 / 金鐏
彙說
自侮而後人侮之 / 元泳義
生利摘要說 續 / 李謙來
以新年之新字敬祝教育會 / 高永箕
進化之由 / 姜夏馨
雜俎
林業의必要 / 瘦石
送李宣鎬之任咸昌 / 李錫炳
會說
東西格言 / 北嶽山人
世界奇聞
賀嶠南教育會 / 申龍均
賀嶠南教育會 / 朴尙烈
學界彙聞
內地彙報
詞藻
漢江風帆 / 碧蕉 高永箕

南山宿霧 / 仝人
老儒暗襲 / 聽蕉 李琦浩
會中記事
會錄
會員名簿 (續)
第九回會計文簿
附錄
官報抄錄
東洋拓殖會社定款
學部訓令

第十一號 [隆熙 4년(1910) 4월 25일 발행]

學術
格致學의功用 (續) / 蔡章黙
果樹園藝學 (續) / 金鐏
物理學 (續)－氣壓計 / 朴晶東
璣衡說 / 鄭曦鎔
彙說
學文變通論 / 朴海黙
生利摘要說 (續) / 李謙來
進化之由 (續) / 姜夏馨
先憂後樂 / 元泳義
衆力 / 蔡章黙
雜俎
西勢東漸 / 金鐏
實業爲今日最急務 / 申龍均
學界彙聞

贊嶠南教育會進就 / 李萬成

詞藻

早春 / 阮石 柳芝秀

諷和西湖釣翁 / 仝人

閑適 / 茶山 金性河

漁父 / 仝人

落葉 / 仝人

春宵述懷 / 碧蕉 高永箕

春曉 / 仝人

新〇 / 笑山 蔡章默

其二 / 仝人

附錄

官報抄錄 (續)

會中記事

會錄

任員名簿

任員進退

會員名簿 (續)

第十回會計報告

別報

第十二號 [隆熙 4년(1910) 5월 25일 발행]

彙說

現世宗教中孔教之前途 (未完)

教育政治相互關係 (未完) / 日本法學博士 浮田和民原著

學術

潛航艇의 談話

雜俎
조-지華盛頓의財産調査
手形統一萬國會議
昨年中世界産銅額
巴拿馬運河의價値
敬告安東郡豐山面人士
謹告嶠南諸公 / 金洛憲
詞藻
梅花行 / 阮石 柳芝秀
登樓有感 / 仝人
籠禽 / 藕汀 柳始馨
惜春 / 仝人
野寺
東京竹枝詞 / 井久 許雲
官報抄錄
勅語
法律第五號 隆熙四年五月十四日頒布 國庫債券條例
會中記事
會錄
任員進退
會員名簿 (續)
第十一回會計報告
別報
東萊府沙上面明進學校校長池楊植來函
安東郡東先面佳邱里東陽學校基本財産
特別警告

이태진 李泰鎭
서울대학교 명예교수, 한국역사연구원 원장, 대한민국학술원 회원, 전 국사편찬위원회 위원장. 『일본의 한국병합 강제 연구』(지식산업사, 2016), 『끝나지 않은 역사』(태학사, 2017) 등 20여 권의 저서와 『한국병합과 현대』(태학사, 2009), 『3·1독립만세운동과 식민지배체제』(지식산업사, 2019) 등 다수의 공저 및 200여 편의 논문이 있음.

오정섭 吳定燮
한국역사연구원 상임연구위원(사무국장). 전 서울대학교·서원대학교·서울여자대학교·청운대학교 강사.

'한국 개화기 학술지' 목차 집성
1896~1910

초판 1쇄 발행 2020년 4월 15일

편자 | 이태진·오정섭
기획 | 석오문화재단 부설 한국역사연구원

펴낸곳 | (주)태학사
등록 | 제406-2020-000008호
주소 | 경기도 파주시 광인사길 217
전화 | 031-955-7580
전송 | 031-955-0910
전자우편 | thspub@daum.net
홈페이지 | www.thaehaksa.com

편집 | 최형필 조윤형 김성천
디자인 | 이보아 이윤경
마케팅 | 안찬웅
경영지원 | 정충만
인쇄·제책 | 영신사

값 15,000원

ISBN 979-11-90727-03-7 93810